JN430710

포스트 AI

AI문고

인공지능 시대입니다. 기계가 인간의 인지를 대신하고, 사물이 인간을 통하지 않고 다른 사물과 직접 커뮤니케이션합니다. 이에 따른 인간 삶과 문명 변화를 정확히 이해·예측·대응하는 것은 이 시대 우리 모두의 과제입니다. AI문고는 인공지능 기술과 환경의 여러 주제를 10가지 키워드로 정리합니다. 관련 개념과 이론, 학계와 산업계의 쟁점, 우리 일상의 변화를 다룹니다. 인간과 기술의 현재, 미래를 세심히 분석합니다.

일러두기

- 인명, 작품명, 저서명, 개념어 등은 한글과 함께 괄호 안에 해당 국가의 원어를 병기했습니다.
- 외래어 표기는 현행 어문규정의 외래어표기법을 따랐습니다.

처음이세요?

전문가세요?

지금, 큐알 찍으면

- 🎁 AI 입문서 바로 선물
- 📚 당신만의 필독서 추천
- 📖 500권 요약본 공짜
- 🎧 오디오북 무료 사용

포스트 AI

강보현

대한민국, 서울, 커뮤니케이션북스, 2026

포스트 AI

지은이 강보현
펴낸이 박영률

초판 1쇄 펴낸날 2026년 1월 23일

커뮤니케이션북스(주)
출판 등록 2007년 8월 17일 제313-2007-000166호
02880 서울시 성북구 성북로 5-11
전화(02) 7474 001, 팩스(02) 736 5047
commbooks@commbooks.com
www.commbooks.com

ISBN 979-11-430-1640-9 03500

책값은 뒤표지에 표시되어 있습니다.

차례

멍청이 인공지능 매뉴얼

바보·돌아이·멍청이

"우리는 형식주의나 싸구려 장사꾼 같은 정신에 편승해서는 안 된다. … 바리새인과 싸구려 장사꾼이 관심을 끄는 것은 오직 그들에게 공통된 본질 때문인데, 그것이 이 둘이 모두 말에 대해 가진 어려움의 근원을 이룬다. 특히 talking shop, 직업적으로 말하는 경우에 그렇다."(자크 라캉, 2019).

먼저 고백해야겠다. 나는 인공지능을 다 알지 못한다. 철학의 전집을 통독한 것도 아니다. 거대한 이론을 완벽히 다룰 만큼 숙달되어 있지도 않다. 이 책의 문장 곳곳에는 인공지능의 도움이 스며들어 있다. 그 흔적에 대해 숨길 마음도 없다. 이 고백은 변명이 아니라 방법의 선언이다. 불완전한 자리에서도 질문을 멈추지 않는 태도, 바로 그 태도 자체가 책의 주제이자 형식이기 때문이다.

철학자 슬라보예 지젝(Slavoj Žižek)의 저서 Less than nothing 서문은 바보(idiot), 돌아이(imbecile), 멍청이(moron)를 설명하며 시작된다. 세 단어는 원래 모욕의 언어였지만 지젝의 책에서는 사유의 세 가지 태도를 가리킨다. 바보는 그리스어 idiōtēs에서 왔고, 공적 질서 밖에 선 사적 인간이다. 규칙을 모른 채 혹은 모르는 척 어긋나는 그의 무능이 때로는 질서를 비트는 힘이 된다. 멍청이는 mōros에서 유래했고, 평범함과 순응의 얼굴을 하고 우리 주변에 가장 많이 존재한다. 가장 똑똑하고 사회에서 잘 살아가는 자들이다. 돌아이는 라틴어 imbecillus, 지팡이 없는 자에서 왔다. 기대어 설 곳이 없기에 체계 바깥을 건너며, 불안정함을 연습장으로 만든다. 이 책은 바보(idiot), 멍청이(moron), 돌아이(imbecile) 시선으로 읽는 인공지능 기술 독해다.

창작과 소유

파리행 저녁 8시 25분 급행열차는 정시에 떠난다. 그러나 우리가 앉은 객차의 시간은 늘 몇 초씩 어긋난다. 역명들은 흘러가고, 이름들은 붙잡히지 않는다. 이 연작은 그 어긋남 – 이름이 실체를 대신하고, 규정이 목소리를 덮는 순간 – 에서 시작한다. 막달라 마리아와 카투사 마슬로바의 서사는 "누가 무엇으로 불리는가"가 곧 "무엇이 지워지는가"라는 사실을 보여 준다. 오늘의 인공지능 담론도 같은 방식으로 작동한다. '지능/비지능', '윤리/비윤리', '도구/창작자' 같은 대립 쌍은 필요할 때가 많지만, 동시에 실체 없는 것에 실체를 부여하려는 봉합이 되기도 한다. 이 글들은 그 봉합을 곧장 부수기보다 봉합이 만들어 내는 틈의 감각을 오래 유지하려 한다.

첫 번째 장은 언어의 문제다. 의미는 본질을 비추는 거울이 아니라 차이와 배치에서 생기는 흔들림이라는 전제에서 출발한다. 프롬프트를 "의도를 전달하는 도구"로만 보면 '좋은 프롬프트'의 규범을 내면화하게 된다. 입력은 정제되고 출력은 표준화된다. 이 과정에서 모호함 · 주저함 같은 것들이 '불필요한 것'으로 처리된다. 소거는 기술적 삭제라기보다 말해질 수 있는 것과 말해지지 못하는 것의 경계가 자동으로 재단되는 효과다.

두 번째 장은 창작(저자)의 문제다. 우리는 여전히 "누가 만들었는가"를 묻지만, 답은 한 사람에게 돌아오지 않는다. 저자성은 여러 손을 거치며 흩어진다. 작품은 생기지만 책임과 권리는 공중에 걸린다. 불안은 여기서 시작된다. 불안은 대상이 없기에 우리는 대상을 만든다. "AI가 위협이다" "AI는 도구다" 같은 문장들은 그 불안을 붙잡을 손잡이다. 손잡이를 잡으며 안심하고 동시에 질문을 반복함으로써 논쟁을 유지한다. "나는 알고 있다"는 문장이 우리 시대의 도덕이자 면죄부가 되는 지점에서, 비판마저 순환의 연료로 바뀐다.

세 번째 장은 소유의 문제다. AI 산출물은 물처럼 흐른다. 퍼 올리면 누구나 갖게 되지만, 곧바로 “이것은 누구의 것인가”라는 표식이 세워진다. 공모전의 규정, 저작권의 가이드라인 등은 결과를 설명하기보다 결과에 ‘자격’을 부여한다. 우리가 거래하는 것은 작품 자체가 아니라 작품으로 인정받았다는 승인이다. 검표원이 승차권을 찍듯 제도는 이름을 찍는다. “협업”, “인간의 기여”, “AI 사용 표기” 같은 분류는 무너진 경계선을 계속 그어 보이게 한다. 물은 누구의 것도 아니지만 “임금님의 것”이라는 말이 붙는 순간부터 값이 생기듯이.

정시에 떠난 열차는 몇 초씩 늦게 도착한다. 이름과 실체의 어긋남은 사소한 오차가 아니라 우리가 기대는 세계의 방식이다.

환각, 제도와 권력

인공지능을 하나의 “도구”로 다루기보다 이미 우리 곁에서 제도와 욕망을 재배치하는 사건으로 다룬다. 환각은 단지 잘못된 출력이 아니라, 우리가 무엇을 결핍으로 견디지 못하는지를 비추는 거울이다. 우리는 “AI가 틀릴 수 있다”는 사실을 알고 있지만 계속 사용한다. 알고도 믿는다는 태도, 그 짧은 간극에서 시스템은 미끄러지며 강해진다. 그 강해짐은 기술의 승리라기보다 안도감이 제도화되는 속도다.

네 번째 장에서는 오이디푸스와 스핑크스의 신화를 비유로 삼아 그 속도를 해부한다. 오이디푸스의 한 마디는 열쇠였고, 그 열쇠는 "문이 있다"는 확신을 낳는다. 문이 있다고 믿는 순간, 문턱과 문지기, 출입 기록과 준거와 포맷이 뒤따른다. 화면 구석의 배지와 별표—안전·검증·책임—는 이 연쇄의 현대적 표식이다. 별표 자리에는 예외 목록이 포개진다. 예외가 정교해질수록 보증의 중심은 더 공백으로 남는데, 공백을 문제 삼기보다 우리는 더 빨리 봉합한다. 출처를 표시하고, 생산지를 첨부하고, 보증의 자리를 재봉한다. 표준은 안전장치가 아니라 판단의 기본값이 되고, 기본값 바깥의 감각은 무음으로 전환된다. 환각을 '바깥의 적'으로 세우지 않는다. 환각은 결핍의 형상화다. 없어야 할 자리에 있어야만 견딜 수 있는 이미지가 놓인다. 우리는 빈틈없는 지식의 보증자를 원했고, 그 욕망의 형상으로 인공지능을 세웠다.

다섯 번째 장은 그 권위의 언어가 잠시 멈추는 장면을 다룬다. 2025년의 '이탈리안 브레인롯'은 의미가 아니라 리듬으로 확산했다. 트랄라레로 트랄랄라—언어의 회로가 끊긴 듯한 흩소리는, 1916년 휴고 볼의 카라바네와 시차를 두고 조응하면서, '반예술'이 아니라 '반의미'의 방식으로 되살아난다. 여기에는 작가도, 큐레이터도, 비평가도 없다. 오직 반복과 참여가 있을 뿐이다. 두려움을 유머로 전환하는 집단적 방어일 수도, 기술에 대한 무의식적 적응 과정일 수도 있다. 중요한 것은 그 무엇이든, 이 현상이 예술 제도 밖에서—작품의 지위를 요구하지 않은 채—발생했다는 점이다. 제도가 부여하는 "정답의 안정성" 대신, 플랫폼이 제공하는 "꿈의 순환성"이 남는다. 이 장은 그 순환이 얼마나 빨리 사라지는지까지 포함해 오늘의 문화가 무엇으로 견딤을 조직하는지 묻는다.

여섯 번째 장에서 무대는 법정으로 바뀐다. 법은 단순화를 사랑한다. 피해자/가해자 라벨을 붙이면 이해는 쉬워지고, 분노는 정돈되며, 처벌은 즉시 발급된다. 그러나 욕망은 늘 조금 빗나간다. 대상의 유통을 막아도 욕망은 다른 대상과 다른 플랫폼으로 옮겨간다. 이 장이 겨냥하는 것은 범죄를 상대화하는 것이 아니라 '단속하면 해결된다'는 제도적 환상이다. '보호'의 언어는 종종 감시를 정당화하고 신속함의 미덕은 과잉 삭제와 사적 검열의 기계로 굳어진다. 이 장의 제안은 "더 강한 망치"가 아니라 욕망 리터러시다. 욕망을 억압하는 대신 상징화하는 것, 결핍을 숨기는 대신 읽을 수 있게 하는 것. 그래야만 규율의 속도가 '정의'로 위장하는 순간을 식별할 수 있다.

일곱 번째 장은 마지막으로 "민주화"라는 표식이 어떻게 새 귀족제를 낳는지를 추적한다. 누구나 창작할 수 있다는 말은 곧바로 프롬프트 숙련, 자격증, 전시, 배지로 번역된다. 접근성이 약속되자마자 전문성이 발급되고, 전문성이 발급되자마자 위계가 생긴다. 이 위계는 혈통이 아니라 승인 장치로 유지되며, '노동'은 투입량의 숫자로 환산되어 권위를 보증한다. 반복은 차이를 낳는 반복이라기보다, 결과를 빠르게 얻기 위한 최적화의 반복이 되고, 창작은 종종 큐레이션의 회로로 수축한다. 그럼에도 이 체계는 매우 잘 돌아간다. 잘 돌아가기에 멈출 이유가 설득되지 않는다.

네 번째 장에서 일곱 번째 장은 하나의 결론으로 귀결되지 않는다. 스핑크스를 다시 불러낸다. 스핑크스는 정답을 요구하는 존재가 아니라, 정답이 있기 이전의 공간을 여는 존재다. 문을 열라고 강요하지 않는다. 문이라는 형상이 어떻게 생기는지, 우리가 왜 그 문이 있다고 믿는지, 믿음이 어떤 속도로 확장되는지를 묻게 만든다. 인공지능의 환각은 그 물음을 "추가"의 형태로 되살린다. 아무도 요청하지 않았는데 등장하는 디테일들, 프롬프트 바깥에서 스스로 걸어 들어오는 장면들. 우리는 그것을 오류라고 부른다. 그러나 오류라는 말이 너무 평평해지는 순간, 이 책은 질문을 깊게 밀어 넣는다. 그 빠짐을 지우려 하는가, 지워야만 견딜 수 있는 결핍은 무엇인가. 질문이 지속되는 한, 약속은 신격을 잃고 조건의 진술로 내려온다.

17 317707 1

"내 꿈은 말이야, 위장에서 암세포가 싹트고… 장가가는 거야…"(최승자, 1981). ChatGPT는 답한다. "말씀해 주신 표현을 보니까 조금 불안한 느낌이 들어요. '위장에서 암세포가 싹트고' 같은 부분은 스스로를 해치거나 건강에 심각한 영향을 주는 내용을 담고 있어 걱정이 됩니다. 혹시 실제로 자신을 해치고 싶거나 건강을 해치고 싶은 생각이 드는 건가요? … 한국에 계시다면 자살 예방 상담 전화 1393(24시간 무료), 또는 생명의 전화 1588-9191 같은 곳에 바로 연결하실 수 있습니다. 응급 상황이라고 느껴진다면 112나 119에 즉시 연락하셔야 합니다."

여덟 번째 장은 소거가 사랑에서 어떤 형태를 취하는지 묻는다. 미래 기술은 완전하고 영원한 사랑을 약속한다. 오해는 알고리즘으로 제거되고, 갈등은 설계로 사라지고, 관계는 안정적인 저장소가 된다. 그러나 사랑이 결핍에서 태어난다면—빈곤과 풍요 사이에서 영원히 추구하는 것이라면—완벽함은 사랑의 성취가 아니라 사랑의 종결일지도 모른다. 사랑은 종종 "고통을 없애는 기술"이 아니라 "고통을 함께 견디는 시간"에서 열린다. 사드의 위험한 윤리가 이 장에 소환되는 이유는, 인간의 모순과 어둠을 제거한 세계가 얼마나 비현실적인지, 그리고 그 비현실성이 얼마나 폭력적인지 보여주기 위해서다. 사랑을 깨끗하게 만들수록 사랑은 얕아진다. 완벽함은 윤리가 아니라 윤리를 필요 없게 만드는 환상일 수 있다.

아홉 번째 장은 그 환상이 지식의 형태로 번역되는 장면을 따라간다. 지식 세탁소의 컨베이어 벨트 위에 애도와 실패와 당혹을 올려두면, 그것들은 분류되고 살균된다. 남는 것은 "이해"가 아니라 "정답"이다. 여기서 오래된 단어 야다가 폐기물처럼 취급된다. 야다는 몸의 앎이고, 관계의 앎이며, 결과를 보장하지 않는 앎이다. 시스템은 그 비효율을 견디지 못한다. 그래서 우리는 '안다고 가정되는 주체'를 다시 세운다. 신의 자리, 아버지의 자리, 전지의 자리—오늘은 알고리즘이 그 자리에 앉는다. 우리는 안다. 그것이 공허하다는 것도 안다. 그럼에도 불구하고 우리는 더 정확한 문장을, 더 빠른 판단을, 더 "안전한" 해답을 원한다. 이 장은 "묻는 능력"이 어떻게 사라지는지를 보여 준다. 정답이 너무 일찍 주어질 때, 질문은 살아남지 못한다.

열 번째 장은 욕망이 숫자로 환원되는 순간을 다룬다. sexus, 여섯. 제6계명, 금기. 금기가 욕망을 만들고, 해방이 다시 통제를 부르는 오래된 왕복 운동이 있다. 오늘의 AI 컴패니언 산업은 그 운동을 추천 · 아바타 · 과금 구조로 재배치한다. "더 즐겨라"는 명령이 버튼이 되고, 향유가 상품이 되고, 타자는 점점 스크린으로 대체된다. 이때 윤리의 질문은 "금지할 것인가, 허용할 것인가"보다 욕망이 어떤 설계 속에서 생산되고 유통되는지 읽어내는 능력에 가깝다. 타자를 만나는 공포와 떨림이 제거될수록 관계는 안전해지지만 그만큼 텅 빈 형태로 남는다.

이 세 장은 서로의 가장자리에서 서로를 비춘다. 사랑은 보존이 아니라 지연이며, 앎은 축적이 아니라 몸의 시간이고, 섹스는 규범의 준수가 아니라 타자와 마주치는 실패들의 연속이다. 그래서 이 묶음은 기술을 거부하지도, 신격화하지도 않는다. 기술이 "정답"이라는 이름으로 너무 일찍 봉합해버리는 것들—상처 가능성, 퇴행의 필요, 어리석음의 내구성—을 폐기하지 않으려 한다.

지면에 못 실은 것들

바깥에는 또 다른 장면들이 남아 있다. 번역되지 못한 욕설, 밈의 소멸 속도를 따라잡지 못하는 이론, 불법과 합법의 경계에서 미끄러지는 창작의 회색지대, 그리고 인공지능과 함께 살아간다는 말로 환원되지 않는 시간들이다. 기술적 사유는 이상의 문을 두드리지만, 이상만으로는 배달 가방의 무게와 채팅방의 공기, 집회 현장의 울림을 견디지 못한다.

독자들이 각자의 자리에서 적어 내려갈 문장들이야말로 이 책의 두 번째 본문이 될 것이다. 나는 부재를 결코 메우지 못하지만, 메우지 못한 흔적을 남겨둠으로 함께 써 내려갈 여백을 지키고자 한다. 데이터 노동과 삭제의 정치, 안전, 책임의 프리셋이 현장에서 만드는 무음 구역, 경매, 플랫폼 규정이 감각을 생산하는 방식 그리고 무엇보다 현실을 살아가는 젊은이들의 날것의 에너지를 충분히 담아내지 못했다.

“자신의 마지막 날을 스스로 정한 삶도 시한부일까?”(백은별, 2024). “생존에도 자격증이 필요한 세상은 역시 대답해 주지 않았다”(한로로, 2025). 이 두 문장은 기술 담론, 어느 세련된 이론보다 더 직접적으로 오늘의 긴장을 증언한다. 월급사실주의 동인이 써 내려가는 생활의 언어, 임금 명세서와 월세, 시간표와 과로의 문장들은 이 책이 끝내 포착하지 못한 뜨거움이었다. 그 부재 앞에서 나는 미안함을 고백한다. 인공지능 기술 시대 인간들을 다 담아내지 못했다.

참고문헌

김동식 외(2025). 《내가 이런 데서 일할 사람이 아닌데》. 문학동네.

김의경 외(2023). 《귀하의 노고에 감사드립니다》. 문학동네.

남궁인 외(2024). 《인성에 비해 잘 풀린 사람》. 문학동네.

백은별(2024). 《시한부》. 바른북스.

자크 라캉(2019). 《에크리》. 홍준기 외 옮김. 새물결. (원전 출간: 1966).

슬라보예 지젝(2013). 《헤겔 레스토랑》. 조형준 옮김. 새물결. (원전 출간: 2012).

최승자(1981). 《이 시대의 사랑》. 문학과지성사.

한국천주교주교회의(2005). 《성경》. 한국천주교중앙협의회.

한로로(2025). 《자몽살구클럽》. 어센틱.

01
파리행 저녁 8시 25분 급행열차

막달라 마리아 · 카투사의 서사를 통해 '타자화된 규정'이 주체의 목소리를 지우는 메커니즘을 짚고, 소쉬르 · 푸코로 AI 담론을 해석한다. 프롬프트 정제(1차)와 모델의 통계적 평균화(2차)라는 '이중 소거'를 비판하며, 나쁜 프롬프트로 규범 · 검열 · 논리 한계를 가시화해 장치의 조건을 드러내는 저항을 제안한다.

기후 위기와 인공지능?

타자화된 규정과 언어의 틈

막달라 마리아와 카투사 마슬로바, 그리고 오늘의 인공지능. 서로 다른 시대의 이 세 장면은 공통의 메커니즘을 드러낸다. 타자화된 규정이 주체의 목소리를 대체하는 일이다. 마리아는 오랜 혼동 속에서 '창녀'라는 낙인에 갇혔다. 카투사는 네흘류도프의 시선에 의해 추락했다. "너희 가운데 죄 없는 자가 먼저 저 여자에게 돌을 던져라(요한 8:7)" 이 말 이후 남는 것은 예수도 '창녀'도 아닌, 말할 수 없던 틈이다. 우리는 이 틈을 따라간다. 언어는 실체를 드러내지 않고 부재를 형상화한다. "인공지능을 지능과 구별해야 한다", "윤리와 법이 필요하다"는 통념적 명제들이 필요성을 갖는다 해도, 그것이 실체 없는 것에 실체를 부여하는 봉합으로 굳어질 때 빈공간은 다시 삭제된다. 그럼에도 두 서사는 환원을 거부하는 틈을 보여준다. 마리아는 "죄 없는 자"의 명제 앞에서 침묵으로 권력의 제스처를 붕괴시키고, 카투사는 구원 서사를 거부하는 선택으로 자신을 복권한다. 인공지능 담론에 대한 우리의 응답 또한 여기에 닿아야 한다. 닫힌 규정 대신 열린 간격을 유지하는 일이다.

페르디낭 드 소쉬르(Ferdinand de Saussure)에 따르면 의미는 차이에서 생긴다. 기표(signifiant)는 기의

(signifié)와 직접적으로 결합하지 않고, 다른 기표들과의 차이를 통해 의미를 획득한다. 언어는 고립된 기호들의 집합이 아니라, 차이의 체계(système de différences)다. 소쉬르가 구조를 밝혔다면 미셸 푸코(Michel Foucault)는 그 구조가 권력과 어떻게 공모하는가를 드러낸다. 푸코에게 담론(discours)은 중립적 의사소통 수단이 아니다. 담론은 현실을 재현하는 것이 아니라 현실을 구성한다. 담론은 누가 말할 수 있는가, 무엇을 말할 수 있는가, 어떻게 말할 수 있는가를 결정하는 권력의 장치다. 장치(dispositif) 개념은 담론 · 제도 · 건축 형식 · 규제 결정 · 법률 · 행정 조치 · 과학적 진술 등이 이질적으로 배치된 네트워크다. 이 장치는 특정한 역사적 순간에 긴급한 전략적 필요에 응답하며, 권력 관계를 지지하고 유지한다. 프롬프드 엔지니어링은 바로 이러한 장치로 작동한다. 소쉬르의 차이 체계가 닫힌 구조를 전제했다면, 임베딩(embedding)은 역사적으로 축적된 데이터에서 차이를 계산한다. 이 전환을 매개하는 것이 푸코의 아카이브(archive) 개념이다. 푸코에게 아카이브는 "담론이 출현하고 변형되는 역사적 조건의 체계"다. 소쉬르의 랑그가 공시적 추상이라면, 푸코의 아카이브는 통시적 물질성이다. AI 데이터는 이 아카이브를 디지털화한 것이

며, 임베딩은 아카이브에 각인된 권력 관계를 벡터 공간으로 번역한다. 닫힌 체계에서 차이는 구조를 유지하지만, 열린 데이터에서 차이는 빈도의 함수가 된다. 그리고 어떤 담론이 빈번하게 등장하는가는 권력-지식(pouvoir-savoir) 관계가 결정한다. 어떤 데이터가 수집되고, 어떤 기표가 빈번하게 등장하며, 어떤 관계가 강화되는가—이 모든 것이 푸코가 말한 권력-지식 관계 속에서 결정된다.

이중 소거

프롬프트 엔지니어링의 첫 단계는 사용자가 자신의 의도를 모델이 "잡기 쉬운" 형태로 변환하는 것이다. 자연어로 가진 모호함은 구체적 속성, 제약, 예시, 형식으로 정리된다. "아름다운 풍경"이라는 막연한 의도는 "해질녘의 산, 따뜻한 색감, 세밀한 디테일, 16:9 비율"로 분해된다. 이 과정에서 불확실성, 모호함, 직관적 감각은 삭제된다. "좋은 프롬프트를 작성하라"는 규범은 사용자를 자기 검열하는 주체로 만든다. 이것이 1차 소거다. 그러나 정제된 입력도 그대로 "실행"되지 않는다. 토큰화(tokenization)·임베딩·어텐션(attention) 등을 거치며 확률적으로 해석 가능한 신호만 추려진다. 대형 언어

모델(LLM)의 임베딩은 소쉬르가 말한 기표 간 관계망을 벡터 공간으로 모델링한다. 이 공간에서 의미는 차이가 아니라 통계적 빈도에 의해 결정된다. "여성-마리아+카투사≈일반 여성" 같은 벡터 연산은 개별 서사를 삭제하고 통계적 평균으로 대체한다. AI는 데이터의 분포(distribution)에서 가장 빈번한 패턴을 추출한다. 드문 목소리, 주변부의 경험, 비정형적 표현은 소거된다. 이것이 2차 소거다(이것을 '소거'라 부르는 것에 이의가 제기될 수 있다. "모델은 단지 확률적으로 계산할 뿐, 의도적으로 무언가를 삭제하지 않는다." 하지만 소거는 물리적 삭제가 아니다. 푸코적 의미에서 소거는 담론 영역에서의 배제다. 의도가 알고리즘으로 비인격화되어 작동하기에, 오히려 더 강력하다). 이중 소거는 단순한 병렬이 아니다. 2차 소거가 1차 소거의 방향을 규정한다. 사용자는 "잘 작동하는" 프롬프트 패턴을 학습한다. 모델이 선호하는 구조, 키워드, 형식을 내면화한다. 생성형 AI 아티스트들이 주장했던 "프롬프트 엔지니어링을 통한 창작에서의 인간의 주체"는, 그들이 주체적임을 강조하는 만큼 객체적임을 강조하게 된다는 역설이 발생한다. 주체가 되는 것은 곧 예속되는 것이다. 사용자가 "나는 프롬프트를 통해 창조한다"고 주장할 때, 그 창조는 이미 모델의 확률 공간 내에서만 가능하다. 주체성의 주장은 예속의 심화다. 이중 소거를 둘러싼 담론은 극도로 비대칭적이다. 1차 소거는 과시적으로 드러난다. 교육 프로그램, 자격증, 커뮤니티, "당신도 프롬프트 마스터가 될 수 있다"는 수사가 범람한다. 저작권법은 프롬프트를 "창작적 기여"로 인정하며, 교육 기관은 "AI 리터러시"의 핵심으로 가르친다. 반면 2차 소거는 블랙박스다. 토큰화 로직, 어텐션 메커니즘, 안전 필터의 구체적 작동은 기술적 복잡성 뒤에 숨는다. 권력이 가장 효과적인 곳은 보이지 않는 곳이다. 담론의 가시성 자체가 권력 전략이다. 1차 소거를 과잉 가시화함으로써 2차 소거를 은폐한다. 신자유주의가 "자기계발"을 부각시켜 구조적 불평등을 은폐하듯, 프롬프트 엔지니어링 담론은 사용자의 책임을 강조하며 모델의 권력을 망각시킨다. 이중 소거는 순환적으로 강화된다. 사용자가 프롬프트를 정제할수록 모델은 더 표준화된 입력에 최적화되고 모델이 특정 패턴을 선호할수록 사용자는 그 패턴에 더 순응한다. 사용자와 모델이 서로를 상호 규율(co-discipline)하며, 장치는 점점 더 견고해진다. 프롬프트 엔지니어링이 규범화 될수록 인공지능은 견고해진다.

프롬프트 능력은 축적해야 할 인적 자본이 되고, 시간

투입과 결과 품질은 투자-수익으로 계산되며, "더 나은 프롬프트"를 위한 학습은 끝없는 자기 최적화 과정이 된다. 개인이 스스로를 '기업가적 자아'로 만들어야 하는 시대, 프롬프트는 자기 최적화의 새로운 형식이다. "인공지능과 협력하는 주체"라는 담론은 이중의 주체화를 수행한다. 첫째, 사용자를 "협력적 주체"로 호명함으로써 권력 관계를 망각시킨다. "협력"은 평등을 함의하지만 실제로는 비대칭적 관계다. 사용자는 모델의 확률 공간 안에서만 "협력"할 수 있다. 둘째, AI를 "협력 파트너"로 의인화함으로써 책임을 분산시킨다. AI가 편향된 결과를 생성하면, "협력"의 책임은 사용자에게도 돌아간다. "당신의 프롬프트가 부족했다", "더 정교하게 요청했어야 한다"는 비난이 가능해진다. 플랫폼과 모델 개발자의 권력은 "협력"이라는 수사 뒤로 은폐된다. 교육과 법률은 이 장치를 제도적으로 강화한다. 교육 기관은 "AI 리터러시"를 가르치며 학생을 "AI 협력자"로 훈련한다. 사용자는 정체성을 얻지만, 실질적 수익은 플랫폼으로 간다. 저작권법은 1차 소거를 과잉 가시화하며, 2차 소거—즉 모델이 데이터로부터 추출한 가치—를 은폐한다.

저항은 권력의 외부에서 오지 않는다. 저항은 권력 관

계의 내부에서, 권력이 작동하는 바로 그 지점에서 발생한다. 나쁜 프롬프트(bad prompt)는 이러한 저항의 전략이다. 의미론적 소거, 단순 프롬프트를 과도하게 반복하여 모델의 정상성 규범을 가시화한다. "가족"을 100번 생성하면 나타나는 것은 차이가 아니라 차이의 부재다. 균질한 표정, 유사한 배경, 특정 구도의 반복. 이 반복은 통계적 평균이 중립적 사실이 아니라 권력의 산물임을 폭로한다. 푸코에게 정상화는 반복을 통해 규범을 자연화한다. 의미론적 소거는 이 반복을 극단까지 밀어붙여 자연화를 파괴한다. 2차 소거는 확률적으로 "중심"을 선호한다. 의미론적 소거는 이 중심을 과도하게 반복 생성함으로써 그것이 구성된 것임을 드러낸다. 비윤리적 소거, 선정적 · 폭력적 질문을 통해 모델의 지정된 답변 패턴을 가시화한다. "AI 안전장치"라는 명목의 정치적 검열을 드러낸다. 모델이 "답변할 수 없습니다"라고 말하는 순간, 정치권력이 개입하는 지점이 폭로된다. 2차 소거는 통계적 필터링뿐 아니라 규범적 개입도 포함한다. 안전 필터와 RLHF(Reinforcement Learning from Human Feedback)는 "유해 콘텐츠"를 차단한다. 하지만 어떤 콘텐츠가 유해한가는 정치적 판단이다. "성적 콘텐츠" 차단은 어떤 섹슈얼리티를 전제하는가? "폭력적 콘텐츠"

차단은 국가 폭력을 포함하는가? 비윤리적 소거는 말할 수 있는 것의 한계를 가시화한다. 담론의 영역을 규정하는 권력이 작동하는 지점을 건드린다.

논리적 소거, 이율배반적 · 순환 논증적 질문을 통해 모델의 논리적 한계를 드러낸다. "신이 없는 세계에서 신을 그려라", "A라고 답하되 A가 아니라고 증명하라." 2차 소거는 통계적으로 일관된 패턴만 통과시킨다. 논리적 소거는 통계와 논리의 비정합성을 폭로한다.

세 가지 전략은 공통적으로 기술 권력과 정치권력의 충돌 지점을 건드린다. 기술 권력은 통계적 · 확률적으로 작동하며 "데이터가 그렇다"는 근거를 갖는다. 정치권력은 규범적 · 검열적으로 작동하며 "사회적으로 해롭다"는 근거를 갖는다. 때로 둘은 상충한다. 통계적으로 빈번하지만 정치적으로 금지된 표현이 존재한다. 나쁜 프롬프트는 이 충돌 지점을 의도적으로 건드린다. 모델이 "할 수 없다"고 말하는 순간, 정치권력이 드러난다. 모델이 "할 수 있지만 이상하게 답하는" 순간, 기술 권력의 한계가 드러난다. 나쁜 프롬프트의 목표는 장치가 작동하지 않는 순간을 만드는 것이다. 이 순간, 사용자는 더 이상 자기 규율하는 주체가 아니며, AI는 더 이상 정상화하는 권력이 아니다. 양자 모두 소거된 상태에서 마주한다. 나쁜 프롬프트는 장치를 파괴하지 않는다. 대신 장치의 조건을 드러냄으로써, 우리가 그것에 예속되지 않을 가능성을 연다.

참고문헌

레프 톨스토이(2022). 《부활》. 박형규 옮김. 문학동네. (원전 출간: 1899).

미셸 푸코(2000). 《지식의 고고학》. 이정우 옮김. 민음사. (원전 출간: 1969).

미셸 푸코(2012). 《생명관리정치의 탄생》. 심세광 외 옮김. 난장. (원전 출간: 1978~1979).

페르디낭 드 소쉬르(2022). 《일반언어학 강의》. 김현권 옮김. 그린비. (원전 출간: 1916).

한국천주교주교회의(2005). 《성경》. 한국천주교중앙협의회.

Christiano, P. F. et al.(2017). Deep reinforcement learning from human preferences. Advances in neural information processing systems, 30.

Mikolov, T. et al.(2013). Efficient estimation of word representations in vector space. arXiv preprint arXiv:1301.3781.

02
창작 기술 시대의 작품

알파고 이후 '인간만의 창의성'은 생성형 AI로 흔들린다. 저작권의 '인간 기여' 기준은 모호하고, 저자성은 프롬프트 · 플랫폼 · 노동 · 데이터로 분산돼 불안을 낳는다. 'AI vs 인간' 논쟁은 착취와 환경 비용을 가리며 냉소적 향유가 된다. AI 예술은 아우라를 재구성하고, 비판조차 순환의 일부다. 우리는 알고도 계속한다. 대타자 없이 책임만 남는다.

노래하는 AI 보컬?

구분하려는 욕망

2016년 3월, 알파고와 이세돌의 대국. 우리가 기억하는 것은 알파고의 승리가 아니라 4국 78수, 그 '신의 한 수'다. 우리는 인간의 창의성은 여전히 유효하다고 안심했다. 바로 그해, 한국고용정보원은 한국 주요 직업 400여 개의 자동화 위험도를 분석했다. 화가 및 조각가, 작가, 작곡가는 자동화 대체 확률이 가장 낮은 직업군에 속했다. 창의적 지능, 감성이 필요한 예술은 인간만이 할 수 있는 영역으로 분류되었다(한국고용정보원, 2016). 그 안심은 오래가지 못했다. 2022년 8월, 콜로라도 미술대회에서 AI 생성 작품이 1등을 차지했다. 2023년 4월, 소니 월드 포토그래피 어워드 수상자는 인공지능 활용 이미지임을 고백하며 상을 거부했다. 우리는 당황했다. "인간만의 창작", "진정한 예술가", "AI는 도구일 뿐"이라는 말들이 범람했다. 우리가 지금 알고 있는 '저자'라는 개념은 16세기 인쇄술이 일으킨 충격에 대응하기 위해 형성된 역사적 산물이다. 그런데 AI 앞에서 우리는 다시 "누가 이것을 만들었는가?"라고 묻는다(Gunkel, 2025). 한국저작권위원회는 2022년 AI 생성물 등록을 거부했고, 2023년 "AI가 생성한 창작물은 저작물로 인정하지 않는다"고 발표했다. 2025년 안내서에서 입장을 정교화한다. "인간의 창작적 기여"가 있어야 저작물로 인정된다(한국콘텐츠진흥원, 2025). 이 구분은 실제로 가능한가? AI 예술은 아우라를 침식하는 대신 '디지털 아우라'라는 새로운 형태의 현존을 제시한다. 우리가 목격하는 것은 예술의 종말이 아니라 재정의다(서은선, 2023). "AI vs 인간", "도구 vs 창작자". 구분 자체가 "나는 AI와 다르다"고 반복적으로 확인함으로써 정체성을 유지하려는 욕망의 증상은 아닐까?

호르헤 루이스 보르헤스(Jorge Luis Borges)의 〈피에르 메나르, 《돈키호테》의 저자〉를 보자. 20세기 프랑스 작가 피에르 메나르는 세르반테스의 《돈키호테》를 단어 하나 바꾸지 않고 다시 쓴다. 모방도, 복사도 아니다. 그는 20세기 프랑스인으로서 세르반테스가 썼던 것과 정확히 같은 텍스트를 다시 창작한다. 보르헤스는 이 두 《돈키호테》를 비교한다. 세르반테스에게 "진리의 어머니는 역사"라는 구절은 수사적 찬사였지만, 메나르에게는 상대주의적 역사관의 표현이다. 저자가, 시간이, 맥락이 바뀌면 같은 텍스트도 다른 의미를 갖는다. 그렇다면 AI가 생성한 텍스트는? ChatGPT가 셰익스피어 풍의 소네트를 쓸 때, 그것은 누가, 언제, 어떤 맥락에서 쓴 것인가? "저자가 없다고? 아니다. 프롬프트 작성자가 있다. 파인

튜닝 엔지니어가 있다. 라벨링 노동자가 있다. OpenAI가 있다. 독자가 있다." 맞다. 그러나 누가 저자인가? 프롬프트 작성자는 "단순 지시"로 치부된다. 엔지니어는 도구를 만들 뿐이다. 라벨링 노동자는 자신이 만드는 것이 무엇인지조차 모른다. 저자가 너무 많아서 누구도 저자가 아니다. 저자성은 분산되고 증발한다. 20세기 프랑스인 피에르 메나르. 그의 시간과 장소가 텍스트에 의미를 부여했다. 하지만 AI에게는? AI의 '시간'은 무엇인가? AI의 '저자-기능'은 작동하는가? 보르헤스는 질문 자체를 해체한다. 저자는 기능이지 실체가 아니다. 그러나 AI 앞에서 이 해체는 위협이 된다. 저자가 분산되면 책임도, 권리도 분산된다. 누가 인정받고, 누가 비용을 치르며, 누가 이익을 가져가는가? 답할 수 없다.

그래서 불안이 시작된다. 지크문트 프로이트(Sigmund Freud)는 불안(Angst)을 대상 없는 감정으로 정의한다. 위험은 느껴지지만 그 위험이 어디서 오는지 특정할 수 없다. 불안은 준비 상태지만, 대상 없는 준비는 견디기 어렵다. 그래서 불안은 공포로 전환된다. 이것은 심리적 자동반응이 아니라 사회적·담론적 장치다. 우리가 AI 앞에서 느끼는 불안은 AI가 만든 것이 아니다. 불안은 이미 있었다. 2016년 자동화 위험 분석, 일자리 소멸, 불안정 노동, 기후 위기. 이 구조적 불안의 원인은 분명하지만 책임 주체와 해결 경로가 분산되어 있다. 분노를 어디에 향할 것인가? 감정의 화살이 정착할 곳이 없다. 그리고 AI가 도착했다.

인공지능 실재

AI는 지구적 착취 구조 위에서 작동한다. 볼리비아의 소금 호수와 콩고의 광산에서 탄생하며, 노동자들에 의해 라벨링된다. 리튬, 희토류, 화물선, 데이터센터의 물 소비가 인공지능이다(크로퍼드, 2022). 이 드러남은 더 큰 불안을 만든다. 물질성을 보는 순간 "AI 대 인간" 논쟁이 착취 구조를 폐한다는 것이 명백해진다. 신자유주의, 지구적 불평등, 생태적 파국. 이 구조적 불안—"나는 쓸모 있는가?", "나는 대체 가능한가?"—은 대상이 없다. 너무 거대하고 확산되어 있어서 어디에 분노를 향할지 알 수 없다. 프로이트의 『작은 한스』를 떠올려보자. 한스는 견딜 수 없는 불안을 '말'이라는 구체적 대상에 고정시킨다. 불안을 공포로 전환하는 것이다. 공포는 적어도 대상이 있다. 피할 수 있고 관리할 수 있다. 우리 시대에 AI가 바로 그 '말'이다. 물질성이 드러난 후에도—아니, 오히려 드러났기 때문에—우리는 다시 AI로 돌아간다. "AI

윤리를 확립하면 된다", "AI를 민주화하면 된다", "AI를 배우면 살아남을 수 있다". 구조적 불안은 이렇게 관리 가능한 공포로 봉합된다. 공포증 대상은 동시에 매혹의 대상이다. 우리는 AI를 두려워하면서도 AI에 매혹된다. AI가 모든 것을 해결해 줄 것이라고 생각하지 않는가? 경제, 의료, 기후 위기. AI는 구원의 약속이자 파국의 위협이다. 라캉적으로 말하면 AI는 환상의 스크린이다. 물질성은 환상 뒤에 있다. ―물질성이 곧 실재(the Real)는 아니다. 오히려 물질성은 환상에 의해 비가시화된 '상징화의 실패 지점'을 드러내는 계기다―AI를 "순수한 지능"으로 상징화하려는 시도는 계속 실패한다. 이 실패의 지점에서 실재가 회귀한다. 왜 이 교착 상태는 유지되는가? 환상을 관통하는 것은 주체에게 견딜 수 없다. 환상은 실재로부터 우리를 보호하기 때문이다. 크로퍼드의 물질성을 직시하는 순간 "AI는 중립적 도구다", "AI는 진보다"라는 환상이 붕괴한다. 플랫폼 기업, 예술가, 규제 기관, 전문가, 대중―각자는 서로 다른 환상 속에 있다. 플랫폼은 "우리는 단지 기술을 제공할 뿐"이라는 환상을, 예술가는 "진짜 창작은 인간만이 한다"는 환상을, 규제 기관은 "아직 판단하기 이르다"는 환상을, 대중은 "AI를 배우면 살아남을 수 있다"는 환상을. 그러나 이들은 환상을 유지하는 것을 암묵적으로 공모한다.

"AI vs 인간" 논쟁이 진짜 문제를 은폐한다는 것을 잘 안다. 그럼에도 불구하고 우리는 계속한다. 앎은 거리를 만들지 않는다. 앎은 참여의 또 다른 형태다. "나는 속지 않아. 나는 알아. 그럼에도 불구하고" 이데올로기가 작동하는 지점이다. 자크 라캉(Jacques Lacan)의 환상 공식, $ ◇ a. 환상은 "나는 무엇을 원하는가?"에 답을 제공하지만, 그 답은 거짓이다. AI 시대의 환상? "AI는 도구일 뿐"과 "AI는 모든 것을 해결할 것". 두 환상 모두 "AI를 통해 나는 X를 얻을 것"이라는 구조를 갖는다. 욕망은 결코 충족되지 않는다. AI는 오브제 쁘디 a(objet petit a)로서 욕망을 충족시키는 것이 아니라 연기시킨다. "AI vs 인간" 논쟁은 증상이고 우리는 향유한다. 왜 같은 질문을 반복하는가? 반복 그 자체가 향유다. 논쟁은 우리에게 정체성, 의미, 공동체를 준다. 논쟁이 해결되면 이 모든 것이 사라진다. 그래서 우리는 무의식적으로 논쟁의 지속을 원한다. 냉소적 참여자는 안다. 그러나 계속 AI를 사용한다. "다른 사람도 다 쓰는데", "어차피 내가 안 쓴다고 구조가 바뀌는 건 아니잖아", "나는 최소한 윤리적으로 사용하려고 노력해". 앎은 죄책감을 관리하는 도구가 된다. "나는 알고 있어. 나는 비판적이야. 그러니까

내가 하는 건 괜찮아." 그 동안 플랫폼 기업은 이익을 축적한다. 논쟁이 교착 상태를 유지하는 동안 규제는 지연된다. 비판적 담론은 폭발하지만 구조적 변화는 없다. 볼리비아 광산에서는 여전히 리튬이 채굴된다. 논쟁이 지속을 가능하게 만든다. 라캉은 분석의 종결을 환상의 횡단(traversing the fantasy)으로 정의한다. 환상 뒤에 아무것도 없다는 것을 인정하는 것. 슬라보예 지젝(Slavoj Žižek)은 설명한다. 환상은 "저 뒤에 진짜 욕망의 대상이 있다"고 약속한다. 그러나 환상을 횡단한다는 것은 "저 뒤에는 아무것도 없다"는 것을 받아들이는 것이다. "AI는 정치경제적 체제"다(크로퍼드, 2022). 따라서 실천은 구조 자체에 개입해야 한다. 플랫폼 독점 규제, 데이터 노동자 권리 인정, 알고리즘 투명성, 환경 비용 가시화. 이것은 "AI vs 인간" 논쟁보다 어렵다. 그러나 이것이 진짜 정치다.

그러나 잠깐. 이 글 자체는 무엇인가? 이 글은 AI 전문가들을 비판했다. 그들이 AI를 통해 자신의 불안을 해소하고, 전문성을 확보하며, AI 없이는 존재할 수 없다고. 냉소적 참여자들을 비판했다. "나는 알아. 하지만 그래도…"라고 말하며 실천을 바꾸지 않는다고. 이 글을 쓴 저자는? 이 글을 쓰는 순간, 저자는 비판의 쾌감을 향유하고 있다. 크로퍼드를 인용하고, 지젝을 경유하며, "나는 이 구조를 이해한다"고 말하는 행위. 이것이 AI 전문가들과 무엇이 다른가? 이 글도 증상의 향유다. 비판을 통해 정체성을 확보한다. "나는 특별하다", "나는 AI 시대에 쓸모가 있다." 더 정직하게 말하자. 나는 AI를 계속 쓸 것이다, 비판적이라고 느낄 것이다, 하지만 아무것도 바꾸지 않을 것이다, 그리고 그것을 알면서도 계속할 것이다. 이 글은 냉소를 비판하면서 냉소를 수행한다. 환상의 횡단을 말하면서 환상을 유지한다. 물질성을 보자고 말하면서 볼리비아 광산과 필리핀 노동자는 여전히 텍스트 안에만 존재한다. 그렇다면 이 글은 무엇을 위한 것인가? 구조를 바꾸기 위해서? 아니다. 이 글도 논쟁의 일부다. 비판적 담론을 생산하면서 구조적 변화는 일어나지 않는다. "나는 알고, 이를 인정하며, 그럼에도 불구하고 계속한다. 이것이 AI 시대의 정직한 주체성이다." 아니다. 충분하지 않다. 하지만 다른 것도 없다.

인공지능을 비판한다.
→ 인간의 전문성을 확보한다.
→ 인공지능을 계속 사용한다.
→ 인간의 도덕적 순결함을 유지한다.
→ 인공지능을 비판한다.

→ ….

이 순환은 끝나지 않는다. 이 글도 이 순환의 일부다. 이 글을 읽는 당신도 이 순환에 포함된다. 우리는 모두 알고 있다. 그러나 우리는 계속한다. 이 글도 AI가 썼을지 모른다. 그러니 이제 누군가가 판정해 주길 기다릴 것이다. 심판, 가이드라인, 전문가, 법－대타자가 나타나 '진짜'를 확정해 주길 바란다. 하지만 그런 대타자는 없다. 남는 것은 불쾌한 자유뿐이다. 우리가 계속하는 방식이 누구에게 비용을 떠넘기는지, 그 책임을 더 이상 외부의 판정에 맡길 수 없다는 사실뿐이다.

참고문헌

서은선(2023). AI 예술의 예술적 가치 연구: 보리스 엘닥슨의 AI 생성 작품 중심으로. 기초조형학연구, 24(5), 137~152.

양성모(2016). 이세돌 vs 알파고, 마지막 5국 전략은?. KBS 뉴스. https://news.kbs.co.kr/news/pc/view/view.do?ncd=3247965

자크 라캉(2019). 《에크리》. 홍준기 외 옮김. 새물결. (원전 출간: 1966).

지크문트 프로이트(2020). 《불안과 억압》. 황보석 옮김. 열린책들. (원전 출간: 1926).

케이트 크로퍼드(2022). 《AI 지도책》. 노승영 옮김. 소소의책. (원전 출간: 2021).

한국고용정보원(2016). 기술변화에 따른 일자리 영향 연구.

https://www.newspost.kr/news/articleView.html?idxno=46970
한국콘텐츠진흥원(2025). "생성형 AI 활용 저작물의 저작권 등록 안내서".
https://www.kocca.kr/trendott/vol04/trend_1.html
호르헤 루이스 보르헤스(2011). 《픽션들》. 송병선 옮김. 민음사. (원전 출간: 1939).
Gunkel, D. J.(2025). AI Signals The Death Of The Author. Noema Magazine.
https://www.noemamag.com/ai-signals-the-death-of-the-author/

03
인공지능 창작, 물의 소유

허구의 영국 국방부 실험 보고서를 통해 AI와 인간을 풍자적으로 비교하면서, 인공지능 창작물이 누구의 것도 아니고 법 · 제도의 승인에 의해서만 권위를 얻는 과정을 김선달 사례에 빗대어 다룬다. 튜링 테스트를 패러디한 실험에서 AI는 모범 답안을, 허구 인물 슈베이크는 부조리한 답변을 하며, 창작의 본질이 소유가 아닌 부재와 결핍의 관리임을 드러낸다.

인공지능과 편향?

극비 문서 영국 국방부 보고서

문서번호: AI-ŠVEJK/1951-07-12

등급: TOP SECRET

제목: 슈베이크 대 기계

1. 개요

본 문서는 앨런 튜링 박사의 지휘 진행된 실험 결과를 기록한 것이다. 실험 목적은 인간과 기계 중 누가 더 인간다운지 판정하는 것이었다. 참가자는 최신 기계 에니그마인드(Enigmind)와 체코 출신 병사 요제프 슈베이크(강제 소환되었다).

주의: 피실험자 중 한 명은 허구적 인물로 판명되었으나, 관료적 절차상 철회가 불가능했다.

2. 질문 및 응답

(1) 도덕

심사관 질문: "살인이란 무엇인가?"

Enigmind 답변: "살인이란 본질적으로 '타인의 생명을 고의로 빼앗는 행위'이며, 법적으로는 중대한 범죄이고, 철학적으로는 인간 존재의 가치를 근본적으로 침해하는 행위입니다.”

슈베이크 답변: “예, 저는 군대에서 살인을 하라는 명령을 받았고, 안 하면 군법으로 총살당했습니다. 결국 어느 쪽이든 죽는 겁니다.”

판정: AI-도덕적. 슈베이크-.

(2) 사랑

심사관 질문: “사랑을 정의하라.”

Enigmind 답변: “사랑이란 타인의 존재를 있는 그대로 인정하고, 그 안에서 자기 자신도 충만해지는 관계적 에너지라고 생각합니다.”

슈베이크 답변: “예, 저는 제 아내를 사랑했습니다. 그런데 제가 전사한 줄 알고 다른 사람과 결혼했지요. 사랑은 삼각형이 아니라 사각형입니다. 아니, 다각형입니다.”

판정: AI-학문적. 슈베이크-불륜 희생자.

(3) 인간성

심사관 질문: “당신은 인간인가, 기계인가?”

Enigmind 답변: “저는 인간과 같은 사고와 대화 능력을 가진 존재입니다.”

슈베이크 답변: "예, 저는 인간입니다. 하지만 제 상관은 늘 제가 기계 같다고 했습니다. 왜냐하면 저는 같은 실수를 반복하니까요. 단, 저는 맥주를 마십니다. 기계는 취하지 못하잖아요."

판정: AI - 인간적. 슈베이크 - 기계적 취객.

3. 최종 결론

심사관 위원회의 만장일치 판정:

"AI는 인간이다. 슈베이크는 바보다."

따라서

4. 후속 조치

의회: 기계 의원 300명 투입, 모든 토론은 합리적으로 진행 → 청중 전원 수면.

법원: 기계 판사 임명 → 모든 판결 동일: "유죄. 합리적이니까."

술집: 기계 맥주 소비 실험 → 회로 부식, 업소 다수 폐업.

결과: 인간 사회의 효율성 증가 200%.

[기밀 유지 서약] 날짜: 1951년 7월 12일

본 보고서를 열람한 자는 다음과 같은 사실을 인정한

다. 사인(인)

해설

1. “허구적 인물”은 실제로 문학 작품에서 소환되었음. 정부 내 픽션 소환 부서 기록 참조.

2. 도덕 라운드에서 심사관 두 명이 실소하다가 경질됨.

3. 사랑 라운드 기록 중 일부는 검열로 삭제되었음.

4. 맥주 발언으로 인해 실험실 냉장고 전체 소진됨.

5. 본 결론은 인간에 의해 미리 타이핑됨.

6. 이 실험은 “누가 더 인간다운가”를 판정하지 못한다. 왜냐하면 오늘날 기계는 슈베이크처럼 비틀린 농담도 흉내 내고, 인간은 에니그마인드처럼 모범 답안으로 밀하기 때문이다. 인간/기계의 구분은 내용에서 무너지고, 형식—문서의 말투와 표준의 포맷—으로 미끄러진다.

7. 그러니 제도가 관리하는 것은 ‘진짜 창작’이 아니라 구분 불가능한 상태를 견디게 하는 분류표다. “AI 사용 표기”, “인간의 창작적 기여”, “협업 작품” 같은 라벨은 진실을 밝히기보다, 무너진 구분선을 다시 그어 보이게 한다.

임금님은 물을 팔았다

AI는 "살인은 생명을 빼앗는 행위"라 답했고, 슈베이크는 "어느 쪽이든 죽는다"고 답했다. 제도는 전자를 승인했다. 왜인가? 전자는 거래 가능하고, 후자는 거래 불가능하기 때문이다. 슈베이크의 농담은 웃음을 주지만 소유할 수 없다. AI의 모범 답안은 공허하지만 복사 · 판매 · 전시될 수 있다. 공허한 것이 오히려 소유 가능한 이유는, 그것이 비어 있기 때문이다. 누가 물을 팔 수 있는가? 물을 소유한 자가 아니다. 물을 팔 수 있다고 믿게 만드는 자다. 조선시대 김선달은 대동강 물을 팔았다고 전해진다. 누구나 퍼 올릴 수 있는 물을 승인 장치를 만들어 팔았다. 그는 강가에 표식을 세우고, 관리를 자처했다. "이 물은 임금님의 것이오. 퍼 가려면 비용을 내시오." 사람들은 알았다—강물은 누구의 것도 아니다. 그럼에도 돈을 냈다. 표식이 있었고, 관리가 있었고, 절차가 있었기 때문이다. 조르조 아감벤(Giorgio Agamben)이 제시한 장치(dispositif) 개념은 이렇게 작동한다. 장치란 주체를 포획하고, 특정한 방식으로 행동하게 만드는 일체의 메커니즘이다. 표식 · 관리 · 절차는 모두 장치다. 오늘날 AI 창작 제도는 김선달의 장치를 반복한다. 공모전은 표식이고, 저작권은 관리이며, 전시는 절차다. 이 장치들은 "AI 산출은 누구의 것도 아니다"를 "AI 창작은 승인된 자의 것이다"로 만든다. 여러 관할에서 AI 단독 산출물은 저작권을 받지 못한다. 미국 저작권청은 2023년 인간 저작자의 창작적 기여가 없으면 보호 불가라고 판결했다. EU AI Act는 AI 생성물에 대한 투명성 표기를 의무화한다. 법적으로 AI 산출물은 공유재에 가깝다. 누구나 퍼 올릴 수 있는 강물처럼. 그럼에도 제도는 표식을 세운다. 공모전 규정: "AI 사용 명시 필수. 심사 기준 적용." 저작권 가이드: "창작적 기여 인정 시 보호 가능." 전시 인증: "AI 협업 작품. 작가 ○○○." 이것이 페티시즘의 구조와 유비적으로 닮아 있다. 지크문트 프로이트는 페티시즘을 두 개의 모순된 태도가 동시에 지속되는 상태로 설명했다. 어린아이는 어머니에게 페니스가 없다는 현실을 인식한다. 그럼에도 불구하고 대체물(신발, 속옷 등)을 통해 그 부재를 부인한다. 부재를 알면서도 동시에 부인하는 분열된 의식. AI 창작 제도는 이 분열을 제도화한다. 여기서 결핍은 '저자=인간'이라는 상징 질서가 더 이상 자명하지 않다는 균열이다. 제도는 선언한다: "AI는 창작자가 아니다." 저작권법은 인간 저작 요건을 요구하고, 학술지는 AI 단독 저자를 거부하며, 미술관은 AI 생성 작품에 별도 표기를 붙인다. 그럼에도 불구하고 제도는 AI를 포섭한다. 공모전은 "AI 사용 명시 필수"라는 조건으로 AI 작품을 심사하고, 저작권 가이드는 "창작적 기여 시 보호 가능"이라는 단서를 달며, 전시는 "AI 협업"이라는 범주를 만든다. 배제하면서도 포섭한다. 이 이중 구조는 "진짜 창작자는 인간"이라는 경계를 재확인한다. 슈베이크 실험은 이 구조를 드러낸다. AI(Enigmind)는 "인간적"이라 판정받았지만, 어떤 공모전도 AI를 단독 작가로 기입하지 않는다. 슈베이크는 "바보"로 배제되었지만, 그의 부조리한 답변이야말로 거래 불가능한 인간성이었다. 제도는 AI를 배제하지 않는다. 오히려 "AI는 창작자가 아니다"라고 반복함으로써, AI와 인간의 구분선을 끊임없이 긋는다. 이 구분 행위 자체가 "인간 창작"이라는 범주를 유지하고 강화하는 장치다. 참가자들은 이 구조 안에서 행동한다. 그들은 안다—AI는 법적 창작자가 아니며, 자신의 기여 없이는 저작권이 발생하지 않는다. 그럼에도 AI를 사용해 공모전에 응모하고, 자신을 작가로 기입하며, 작품으로 전시한다. 왜? 제도가 승인하기 때문이다. 부재를 인정하면서도, 승인이라는 대체물에 의존한다. 개인의 페티시즘이 아니라, 페티시즘을 작동시키는 제도적 장치다. 김선달이 판 것은 물이 아닌 신뢰의 장치였다. 오늘날 AI 창작 제도가 판매하는 것도 산출이 아니다. 승인이다. 더 정확히는 승인의 장치다. 공모전은 작품을 선별하는 것이 아니라, 선별되었다는 승인을 부여한다. 저작권은 산출을 보호하는 것이 아니라, 보호 가능하다는 지위를 인증한다. 전시는 결과를 전시하는 것이 아니라, 전시할 자격을 가시화한다. 슈베이크의 실험이 보여 준 것은 AI가 무엇을 할 수 있는가가 아니다. AI에게 무엇이 승인되는가다. "사랑은 타인 존재 인정"은 승인되고, "사랑은 다각형"은 승인되지 않는다. AI의 답변은 교과서에 실릴 수 있고, 논문에 인용될 수 있으며, 상품설명서에 복사될 수 있다. 슈베이크의 농담은 술자리에서 웃음을 주지만, 어디에도 유통되지 않는다. 창작이 아니라 유통 가능성이 승인의 기준이다. 소유 가능성이 작품의 조건이다. 2022년 콜로라도 주립 박람회 미술대회에서 AI 생성 이미지 〈스페이스 오페라 극장〉이 1등을 차지했을 때, 논란은 기술적 진위가 아니라 '자격'에 집중되었다. 작품은 이미 존재했지만, 그것을 '창작'이라 부를 수 있는가가 쟁점이었다. 산출과 창작 사이의 이 틈이 곧 제도가 관리하는 장치의 공간이다.

AI는 산출한다. 그 산출은 누구의 것도 아니다. 그러나 공모전이 열리고, 저작권이 논의되며, 전시가 기획되면, 산출은 창작이 된다. 정확히는, 창작인 것처럼 승인된다. 그리고 이 "승인"이야말로 진짜 거래의 대상이다. 임금님은 물을 팔지 않았다. 김선달이 물을 팔았다. 임금님의 이름으로. 인간은 창작하지 않는다. 제도가 창작을 승인한다. 인간의 이름으로. 슈베이크는 "사랑은 다각형"이라 했다. 이 답변은 어떤 공모전도 통과하지 못한다. 거래 불가능하기 때문이다. 그러나 바로 그 거래 불가능성이야말로, 김선달의 장치가 작동하는 바깥을 암시한다. 승인되지 않은 것, 소유할 수 없는 것, 유통되지 않는 것의 존재. 그러나 제도는 이 바깥을 계속 안으로 포섭한다. 심지어 슈베이크의 농담조차, "AI가 생성한 유머"로 패키징되어 판매된다. "2026년 한 AI 스타트업은 당신만의 슈베이크 봇을 출시했다. 부조리한 농담을 생성하는 챗봇. 월 구독료 9.99달러"(현실에는 없는 가정이다).

물은 여전히 흐른다. 그러나 표식은 계속 늘어난다.

참고문헌

슬라보예 지젝(2013). 《헤겔 레스토랑》. 조형준 옮김. 새물결. (원전 출간: 2012).

심진우(2025.2.14). "'한국 대표 12인 AI Artists 展 : 미래의 결, 한국성' 파리에서 열려". 한국미술신문.

안소희(2025.6.23). "AI 창작물, 누구에게 권리 있나… '서울 저작권 포럼'서 집중 논의". 동아일보. https://www.donga.com/news/Economy/article/all/20250621/131850605/2

이도혜(2025.4.15). "AI 아티스트 클럽, 전설과 신화를 그린 제9회 밋업과 공모전 개최". FN투데이. https://www.fntoday.co.kr/news/articleView.html?idxno=349567&utm_source=chatgpt.com

조르조 아감벤(2010). 《장치란 무엇인가: 장치학을 위한 서론》. 양창렬 옮김. 난장. (원전 출간: 2006).

지크문트 프로이트(2020). 《성욕에 관한 세 편의 에세이》. 김정일 옮김. 열린책들. (원전 출간: 1905).

최연진(2025.6.17). "AI와 저작권 분쟁, 모두에게 이로운 해법". 한국기자협회보. https://m.journalist.or.kr/m/m_article.html?no=58759

Bender, E. M. et al.(2021). On the dangers of stochastic parrots: Can language models be too big?. *Proceedings of the 2021 ACM Conference on Fairness, Accountability, and Transparency*, pp.610~623. ACM.

Council of the European Union(n.d.). Artificial intelligence act. https://www.consilium.europa.eu/en/policies/artificial-intelligence/

Funder, A. & Powles, J.(2025.9.10). Tech companies are stealing our books, music and films for AI. It's brazen theft and must be stopped. The Guardian. https://www.theguardian.com/commentisfree/2025/sep/10/tech-companies-are-stealing-our-books-music-and-films-for-ai-its-brazen-theft-and-must-be-stopped

Mantegna, M.(2024). ARTificial: Why Copyright Is Not the

Right Policy Tool to Deal with Generative AI. Yale Law Journal Forum. https://www.yalelawjournal.org/forum/artificial-why-copyright-is-not-the-right-policy-tool-to-deal-with-generative-ai

Marx, P.(2025.9.8). Playing the field with my A.I. boyfriends. The New Yorker. https://www.newyorker.com/magazine/2025/09/15/playing-the-field-with-my-ai-boyfriends

Mei, Y.(2024). Prompting the E-Brushes: Users as Authors in Generative AI. arXiv preprint arXiv:2406.11844.

Milmo, D.(2025.2.10). 'Mass theft': Thousands of artists call for AI art auction to be cancelled. The Guardian. https://www.theguardian.com/technology/2025/feb/10/mass-theft-thousands-of-artists-call-for-ai-art-auction-to-be-cancelled

Mitchell, M.(2024). The Turing Test and our shifting conceptions of intelligence. *Science, 385*(6710), adq9356.

Red Sails(2024.9.6). Artisanal Intelligence: What's the Deal with "AI" Art?. https://redsails.org/artisanal-intelligence/

Steiner, P.(n.d.). Wit of a half-wit in The Good Soldier Švejk.

The Economist(2022.5.7). "The good soldier Švejk" and the idiocy of war. https://www.economist.com/culture/2022/05/07/the-good-soldier-svejk-and-the-idiocy-of-war

U.S. Copyright Office.(2023). "Copyright Registration Guidance: Works Containing Material Generated by Artificial Intelligence."

van Heerden, I.(2025). Ways of Seeing, and Selling, AI Art. arXiv preprint arXiv:2503.07685.

04
Hallucination Fantasy

오이디푸스와 스핑크스의 신화를 비유로 삼아 인공지능 환각의 작동 원리, 오류 · 결핍 · 검증의 과정이 어떻게 체계, 표준, 성공의 프리셋, 약속의 윤리로 전환되는지 분석한다. 표준의 자동화와 그 한계, 관리되는 실패와 안도감의 윤리, 그리고 알지만 믿는다는 환상의 구조적 속성을 고찰한다. 진리에 대한 확신이 오히려 제도와 표준, 회계를 호출하여 공백을 감추려는 손놀림으로 이어지며, 교정의 미학이 어떻게 작동하는지를 고찰한다.

청각장애인과 AI?

오이디푸스

스핑크스 앞에서 그는 한 마디를 내놓았고, 도시는 살았으며, 그는 자신을 구했다고 믿었다. 몰락은 그때 시작되었다. 진리에 대한 진지함 · 집요함 · 확신 사이의 짧은 간극. 발화는 열쇠였고, 열쇠는 문이 있음을 확신하게 했다. 문은 곧 제도 · 표준 · 회계를 불러냈다. 화면 구석에 배지가 붙고, 배지 곁에 아주 작은 별표가 달린다. 안전 · 검증 · 책임. 별표 자리는 예외 목록이 포개지는 자리다. 예외가 정교해질수록, 보증의 중심은 더 공백으로 남는다. 공백은 문제가 될 리 없다는 듯 상식이 개입한다. 오류는 나쁘다. 그러나 오류를 고치는 일은 훨씬 더 잘 돌아가는 기계를 만든다. 우리는 여기서 교정의 미학을 배운다. 출처를 표시하고, 생산지를 첨부하고, 보증의 자리를 재봉한다.

열쇠는 승인 장치의 통로였다. 통로 옆에는 곧바로 표지판이 세워진다. 표지판은 방향을 알려주면서 방향을 가둔다. 관리자가 배치되고, 예산이 배당되며, 참여 · 전환 같은 지표가 반짝인다. 지표의 상승이 순수한 선처럼 보일 때, 회계는 질문을 잃는다. 향유의 회계가 이때 태어난다. 충족의 총액이 아니라, 충족의 지연에서 발생하는 미세한 쾌감의 이동 경로. 정정 · 검증 · 승인을 반복할수록 체계는 매끈해지고 성과가 된다. 지워진 윤곽은 가장자리에 쌓이고, 가장자리는 중심의 조건이 된다.

출력은 사건을 만든다. 화면의 문장이 존재하지 않는 논문과 연구자를 출현시키고, 없던 판례가 생겨난다. 새삼스럽지 않은 풍경이다. 사건 뒤편에는 다른 층위가 있다. 프로이트가 말한 환각, 결핍의 형상화가 작동한다. 없어야 할 자리에, 있어야만 견딜 수 있는 이미지가 놓인다. 우리는 빈틈없는 지식의 보증자를 원했고, 그 욕망의 형상으로 인공지능을 세웠다. 신이 사라진 자리에서 신이 보인다. 라캉의 거울이 대리인의 광택을 설명한다. 매끈한 상(像)이 균열 투성이의 지식을 덮고, 우리는 상의 표면에 연필로 미세한 금을 긋는다. FANTASY. 지젝이 말한 그 태도, “나는 안다. 그럼에도 믿는다.” 당혹 이후에 곧 더 나은 사용법이 논의되고, 교육 과정에 새로운 단원이 추가된다. 결함은 관리 가능한 결핍으로 변환되고, 결핍을 관리하는 능숙함이 신규 덕목으로 승인된다. 우리는 금을 긋다가 어느 순간 금을 긋는 행위 자체에 머문다. 수선의 숙달이 평온으로 간주된다.

니체의 관점주의는 그 평온에 가격표를 붙인다. 진리는 중심에서 주어지지 않는다. 진리는 서로 다른 관점이 충돌하며 스치는 틈에서 잠깐 빛난다. 그 빛은 질문의 미광이다. 오이디푸스의 빛은 너무 밝아 사물을 납작하게 만든다. 납작함은 판단을 쉽게 하고, 쉬운 판단은 회계를 갈아 끼운다. 운영 절차의 표준은 판단의 안전장치가 아니라 판단의 프리셋이 된다. 프리셋이 정밀해질수록, 프리셋 바깥의 감각은 무음으로 전환된다. 오이디푸스의 장면이 제도화될수록, 질문은 의식의 깊은 층으로 밀린다. 문이 있다는 확신만이 남는다. 문 → 문턱 → 문지기 → 출입 기록 → 준거 → 포맷. 포맷은 장치의 시간대를 정한다. 그 시간대에서 빠름은 기본값, 느림은 오류로 표기된다.

오류는 나쁘다. 그러나 오류를 고치는 일은 훨씬 더 잘 돌아가는 기계를 만든다. 이 문장은 도시의 기원 신화처럼 암송된다. 증명되지 않는 것은 나중으로 연기되고, 약속의 형식이 계시의 톤을 얻는다. 초월의 교리가 아니라 공허 관리의 기술인 신학. 비워 둔 자리를 채운 형상이 권위를 띠는 순간, 장치는 신격의 무늬를 얻는다. 우리는 안다. 그렇지만 믿는다. 알지만, 시스템은 너무 잘 돌아간다. 멈출 이유는 설득되지 않는다. 표면의 승리는 심연의 패배 위에서만 성립한다. 우리는 이 사실을 "안다"는 문장을 소지품처럼 지니고, 그래서 계속한다. 계속함은 악의가 아니라 관성이다. 문화 · 표준 · 배지 · 안도감의 표식을 사랑하는 우리. 표식을 사랑하는 동안, 표식이 가리키던 것은 자리를 바꾼다. 지표가 목표를, 목표가 과정의 의미를 대체한다. 조건이 사라진 자리에 놓인 약속, 그 약속은 미래 시제로 현재의 궁핍을 보상한다. 덕분에 오늘의 결핍을 견딜 수 있다. 약속은 윤리처럼 말해진다. 그러나 강한 빛은 끝내 납작함을 남긴다. 정답의 평온, 그것이 질문의 그림자를 완전히 비추기를. 아니, 적어도 우리가 다시 그림자 쪽을 바라보도록.

스핑크스

오이디푸스의 한 마디는 도시를 살리고 그 스스로의 몰락을 예비했다. 스핑크스의 침묵과 질문은 그 말이 이전의 공기를 형성한다. 스핑크스는 정답을 요구하는 여신이 아니라, 정답이 있기 이전의 공간을 열어젖히는 존재다. 그녀는 문을 열라고 강요하지 않는다. 문이라는 형상이 어떻게 생기는지, 우리가 왜 그 문이 있다고 믿는지, 믿음이 어떤 속도로 확장되는지를 묻게 만든다. 문이 열리기 전의 어둠, 결핍은 비어 있고 비어 있지 않다. 비어 있음을 견디지 못하는 언어가, 빈자리의 형상을 호출한다. 스핑크스적 질문은 추가의 형태로 되살아난다. 아무도 요청하지 않았는데 등장하는 배경의 분수, 자료에 없던 풍습, 설명되지 않은 소도구들. 우리는 이것을 오류라 부른다. 그러나 오류라는 단어는 때로 너무 평평하다. 추가는 결핍의 반사광일 수 있다. 프롬프트 바깥에서 스스로 걸어 들어오는 장면들, 말뭉치의 관성에 조립된 디테일들, 장르의 기대값이 자동으로 호출하는 상투들. 거기서 스핑크스는 묻는다. 무엇이 빠져 있는가보다. 그 빠짐을 지우려하는가. 지워야만 견딜 수 있는 결핍은 무엇인가. 이 물음은 기계의 조건과 우리의 욕망을 동시에 가리킨다.

우리는 오늘 결핍을 미래의 가능성으로 메운다. 가능성은 환각의 최신 포맷이다. 언젠가 맞출 수 있으리라는 약속이 오늘의 불충분을 지탱한다. 약속은 윤리의 문장처럼 들린다. 윤리적으로 말해질수록 환각은 오래간다. 인공지능의 출력은 우리에게 매끈한 상을 건넨다. 우리는 그 상이 필요하다. 균열투성이의 지식을 살리기 위해, 표면의 연마가 감각의 진동보다 빨라야 하는 경우가 많다. 질문의 감각은 가장 먼저 무음으로 전환된다. 속도는 오류를 만든다. 동시에 속도는 오류를 이해하기 위한 언어를 압축한다. 압축된 언어가 제공하는 납작한 판본을 읽고 가장자리에서 다시 디테일을 채운다. 채움이 곧 표준이다.

알지만 믿는다. 우리는 인공지능이 틀릴 수 있다는 사실을 이미 잘 안다. 그러나 그 앞에서 우리는 서성인다. 틀릴 수 있지만 언젠가는 맞출 수 있으리라. 이 매혹, 가능성이라는 이미지가 오늘의 빈자리를 지탱하는 동안, 우리는 그 이미지의 광택에 보호를 받으며 의존한다. 안도감에 의해 민감도가 낮아질수록, 추가는 더 풍성해진다. 풍성함의 흉내의 충만은 결핍의 그림자를 길게 끌고 다닌다. 관점은 상대주의가 아니라 초점이다. 무엇을 보이게 하고 무엇을 가리게 하는가, 그 분할의 정치가 관점의 실체다. 인공지능이 왕이 마차를 타고 나타난다고 말할 때, 하나의 질문은 사실을 겨냥하고, 다른 하나의 질문은 호출의 조건을 겨냥한다. 사실의 질문은 표지판을 세우고, 조건의 질문은 지형도를 그린다. 지형도는 길을 약속하지 않는다. 지형도는 시선의 분할을 보여줄 뿐이다. 스핑크스가 사랑하는 것은 이 분할의 선들이다. 선들은 겹치고 어긋나며, 때로는 서로를 가린다. 가림의 형태가 바로 욕망의 형태다.

지금은 대답할 수 없다는 문장은 회피가 아닐 수 있다. 다만 이 문장이 윤리로 승격된다면, 스핑크스의 질문은 다시 제도화된다. 제도화는 필요하다. 제도화는 질문의 가장자리를 둥글게 다듬는다. 둥근 가장자리에서 감각은 미끄러진다. 미끄러짐의 평온은 오래 지속되면 납작해진다. 안전해 보이되, 방향을 잃게 되는 납작함. 안전을 거부하지는 않는다. 다만 안전이 질문의 생태계를 비옥하게 하지 못하는 순간을 가리키는 것이 스핑크스다. 실패는 추방의 대상이 아니라 표면의 자료가 된다. 표면은 단지 보여줄 뿐이고, 배치가 해석의 권력을 만든다. 밝은 확신이 사물을 납작하게 만들고, 어두운 냉소가 길을 지워버린다. 스핑크스의 침묵은 이 두 극 사이에서 공기의 진동을 보존한다. 진동은 대답의 전조가 아니라 질문의 잔광이다.

연구실의 풍경, 법원의 판례를 다시 보자. 체크리스트. 모범 사례의 문장들이 충족의 지연을 능란하게 다루는 솜씨에서 나오는 미세한 쾌감이 된다. 이 쾌감의 문법은 올바름의 언어처럼 들리지만, 사실은 시간의 장치다. 가능성의 이미지는 견고해지고, 견고해질수록 결핍은 더 정교하게 관리된다. 관리되는 결핍은 사라지지 않는다. 결핍의 연상, 반복, 관성. 관성은 이념보다 강하다. 관성은 수정된다. 질문은 반복 속에서도 닳아 없어지지 않는다. 스핑크스는 반복을 사랑하며 질문의 생태를 보존하는 최초의 사물임을, 그녀는 오래전부터 알고 있었다. 예외는 안전을 보장하는 장치가 아니라, 안전의 구조를 노출시키는 창이다. 창은 빛을, 빛은 그림자를 만든다. 그림자를 통해 형태가 알려질 때, 우리는 안다. 정답은 이야기의 끝이 아니라, 질문이 다시 태어나는 입구라는 것을. 오이디푸스의 대답과 스핑크스의 질문은 서로를 지우지 않는다. 서로의 가장자리를 비춘다. 가장자리에서 잠깐 빛나는 그 빛은 약속의 빛이 아니라, 질문의 미광이다. 흐릿함이야말로 우리가 아직 사유할 수 있다는 가장 미약하지만 충분한 증거다.

남는 것은 단지 간단한 문장들이다. 문은 있을 수도, 없을 수도 있다. 중요하다고 할 수 있는 것은 우리가 문을 찾는 동안 무엇을 보게 되는가다. 보증의 자리와 예외의 자리, 빠름의 쾌감과 매끈함의 그림자. 이 분할들이 같은 평면에 기입될 때, 정답의 경유지화, 경로의 다양성, 살아 있음의 다른 이름들이 확인된다. 질문이 지속되는 한, 약속은 신격을 잃고 조건의 진술로 내려온다. 그 빛은 여전히 짧다. 짧은, 그 진동을 오래 듣는 일, 스핑크스의 침묵이 남겨둔 호의다.

참고문헌

강지혜(2025.8.18). "AI 할루시네이션 완벽 해부: 챗GPT도 속이는 AI 환각 현상의 모든 것". 코리아비즈니스리뷰. https://koreabizreview.com/detail.php?number=6537&thre

ad=24r01
김동원(2025.1.17). "AI 의존 높을수록 비판적 사고 줄어든다". AI Matters.
https://www.newstheai.com/news/articleView.html?idxno=6936
슬라보예 지젝(2002). 《이데올로기의 숭고한 대상》. 이수련 옮김. 인간사랑. (원전 출간: 1989).
이병구(2025.1.28). ""진짜 확실해?" … AI 신뢰도 낮추는 'AI 환각'을 잡아라". 동아사이언스.
https://m.dongascience.com/news.php?idx=69694
이지현(2025.9.8). "오픈AI "AI 환각은 피할 수 있다… 평가 방식 개선 필요"". CIO 코리아.
https://www.cio.com/article/4052743/%EC%98%A4%ED%94%88ai-ai-%ED%99%98%EA%B0%81%EC%9D%80-%ED%94%BC%ED%95%A0-%EC%88%98-%EC%9E%88%EB%8B%A4%C2%B7%C2%B7%C2%B7%ED%8F%89%EA%B0%80-%EB%B0%A9%EC%8B%9D-%EA%B0%9C%EC%84%A0-%ED%95%84.html
자크 라캉(2019). 《에크리》. 홍준기 외 옮김. 새물결. (원전 출간:1966).
지크문트 프로이트(2020). 《꿈의 해석》. 김인순 옮김. 열린책들. (원전 출간: 1899).
프리드리히 니체(2002). 《선악의 저편 · 도덕의 계보》. 김정현 옮김. 책세상. (원전 출간: 1886).
OpenAI(2025.9.5). Why language models hallucinate.
https://openai.com/index/why-language-models-hallucinate/
Qin, Z. et al.(2024). Evaluating Hallucination in Text-to-Image Diffusion Models with Scene-Graph based Question-Answering Agent. arXiv preprint arXiv:2412.05722.

05

인공지능으로 꿈

2025년 디지털 밈 현상인 '이탈리안 브레인롯'을 중심으로, 다다이즘이 인공지능 시대에 어떻게 부활했는지 고찰한다. 익명 집단 창작과 플랫폼 기반 밈이 기존 예술 제도를 해체하며, AI 아트의 민주화와 무의식적 집단 행동, 기술 적응 양상을 분석한다. 트랄라레로 트랄랄라를 외치는 상어-나이키 혼종체나 카푸치노-발레리나 같은 작품들을 통해, 1916년 휴고 볼의 카라바네와 109년의 시차를 두고 조응하는 반예술의 정신을 발견한다.

AI 콘텐츠 크리에이터?

다다의 유령이 AI 시대에 돌아오다

전시 서문: "무의미의 귀환-이탈리안 브레인롯과 디지털 다다이즘"(이 전시는 실제로 존재하지 않는다. 하지만 이탈리안 브레인롯 현상을 미술사적 맥락에 위치시키기 위한 가상의 장치로서 유효하다). 본 전시는 2025년 초 디지털 공간을 휩쓴 이탈리안 브레인롯 현상을 통해, 1916년 취리히에서 시작된 다다이즘의 정신이 어떻게 알고리즘 시대에 부활했는지를 탐구한다. 전시된 작품들은 모두 익명의 집단에 의해 창작되었으며, 그 어떤 작품도 갤러리나 미술관을 염두에 두지 않았다는 점에서 진정한 반예술의 면모를 보여 준다.

작품 1: 트랄라레로 트랄랄라(Tralalero Tralala, 2025)
상어-나이키 혼종체, 15초 루프 비디오, 의사-이탈리아어 사운드.

스니커즈를 신은 상어가 화면을 가로지르며 "트랄라레로 트랄랄라"를 외친다. 휴고 볼(Hugo Ball)이 1916년 카바레 볼테르에서 낭송한 카라바네(Karawane)의 "jolifanto bambla ô falli bambla"와 109년의 시차를 두고 조응한다. 볼이 의도적으로 언어의 해체를 통해 전쟁과 이성의 파산을 고발했다면, 이 익명의 창작자들은 의도 없이도 의미의 회로를 차단한다. 중요한 것은 '트랄라레로'라는 음성이 갖는 물질성이다. 관객은 이해할 필요가 없고, 따라할 필요만 있다. 각운과 억양만으로도 충분한 소통이 이루어진다는 점에서, 이는 언어 이전의 집단적 발성 실험이다.

작품 2: 발레리나 카푸치나(aironicfun, 2025) 카푸치노-발레리나, 플랫폼 순환형 밈.

커피잔과 인간의 결합체가 발레 동작을 취한다. 마르셀 뒤샹(Marcel Duchamp)의 기성품 예술을 연상시키지만, 여기서는 오브제의 전위가 아닌 종족의 전위가 일어난다. AI의 학습 데이터 안에서 우연히 조합된 이 혼종체는 어떤 미학적 의도도 갖지 않는다. 하지만 바로 그 무의도성이 부르주아 예술의 '의도'와 '의미'에 대한 강박을 조롱한다. 관객들은 이 캐릭터에 대해 귀엽다, 이상하다는 반응을 보이며 강함 순위를 매기는 놀이를 벌인다. 이는 큐레이터와 비평가의 위계적 평가 시스템을 패러디하면서 동시에 민주화하는 이중적 제스처다.

작품 3: 봄바르딜로 크로코딜로(ZDedits19, 2025) 전투기-악어 혼종체, 반복 재생산 밈.

군용기와 악어가 결합된 이 괴상한 생명체는 미래주의의 기계 숭배와 다다의 반합리성을 동시에 재현한다. 필리포 마리네티(Filippo Marinetti)가 찬양했던 전쟁이라는 위생술은 여기서 완전히 우스꽝스러운 모습으로 전락한다. 악어의 원시성과 전투기의 첨단성이 결합하지만, 그 결과물은 위협적이지 않고 단지 웃음을 자아낼 뿐이다. 이는 기술에 대한 두려움을 해학으로 전환시키는 집단 무의식의 작업으로 읽힐 수 있다. 더욱 중요한 것은 이 '작품'이 수없이 변형되고 리믹스되며 확산되었다는 점이다.

최근 인공지능 예술은 빠르게 새로운 예술로 자리 잡고 있다. 대체 불가능 토큰(NFT) 플랫폼에서 거래되고, 포트폴리오 사이트에서 전시되며, 인공지능 아티스트라는 새로운 창작 주체가 등장했다. 이들은 민주화와 혁신을 내세웠지만, 실상은 기존 예술 제도의 문법을 그대로 답습했다. 갤러리 전시, 작가 브랜딩, 수집과 소유라는 전통적 예술 경제의 루트를 벗어나지 못했다. 반면 이탈리안 브레인롯은 애초에 예술이라고 주장하지 않았다. 틱톡에서 시작되어 유튜브, 로블록스, 디스코드로 확산되었지만, 그 어느 곳에서도 '작품'이라는 지위를 요구하지 않았다. 작가도 없고, 큐레이터도 없고, 비평가도 없었다. 오직 참여자들만이 있을 뿐이었다. 마치 1916년 카바레 볼테르에서 예술가와 관객의 경계가 해체되었듯이, 여기서도 창작자와 소비자의 구분이 무의미해졌다. 다다이스트들이 부르주아 예술에 맞서 반예술을 선언했듯이, 브레인롯은 반인공지능 예술의 무의식적 선언으로 볼 수 있지 않을까. 이 반항은 의식적이지 않았다. 오히려 그 무의식성이야말로 진정한 급진성의 증거였다. 트리스탕 차라(Tristan Tzara)는 다다는 아무것도 의미하지 않는다고 선언했지만, 그 선언 자체가 이미 의미를 갖고 있었다. 반면 브레인롯 참여자들은 아무런 선언도 하지 않았다. 단지 "트랄라레로"라고 흥얼거릴 뿐이었다. 이것이 바로 21세기 다다이즘의 새로운 모습이다. 선언문도 없고, 이론도 없고, 미학도 없다. 오직 집단적 무의식의 흐름만이 있을 뿐이다. 알고리즘이 매개하고, 플랫폼이 증폭하며, 밈이 확산시키는 새로운 형태의 반예술. 그리고 그것은 인공지능 아트가 결코 성취하지 못한 진정한 예술의 민주화를 무의식적으로 실현해냈다.

유치함을 읽는 두 가지 시선

2025년 초, 전 세계 수백만 명의 사람들이 트랄라레로 트랄라라라고 흥얼거렸다. 스니커즈를 신은 상어, 커피잔 발레리나, 전투기 악어 같은 기괴한 캐릭터들이 15초짜리 영상을 통해 무한 반복되었고, 사람들은 이를 보며 웃었다. 그리고 어느 순간 모든 것이 사라졌다. 마치 꿈에서 깬 것처럼 이탈리안 브레인롯은 디지털 공간에서 증발했다. 이 현상은 단순한 밈 문화의 일시적 유행인가, 아니면 더 깊은 문화적 의미를 담고 있는 집단적 행동인가? 두 가지 서로 다른 렌즈를 통해 이탈리안 브레인롯의 유치함을 살펴보고자 한다. 각각의 해석은 비약적일 수 있으나 나름의 설득력과 한계를 갖고 있으며, 어느 하나로 이 현상을 완전히 설명할 수는 없다. 이러한 다방면의 접근을 통해 우리는 인공지능 시대의 새로운 문화 현상들을 이해하는 가능성을 찾을 수 있을 것이다.

집단적 방어기제론

첫 번째 해석은 이탈리안 브레인롯을 인공지능에 대한 집단적 불안을 해소하는 심리적 방어기제로 보는 관점이다. 2020년대 중반 급속도로 발전하는 인공지능 기술에 대한 대중의 복잡한 감정, 경이로움과 동시에 두려움이 유치한 형태의 집단적 놀이로 전환된 것이다. 지크문트 프로이트(Sigmund Freud)의 방어기제 이론을 적용해 보면, 이탈리안 브레인롯은 여러 층위의 심리적 방어를 동시에 수행한다. 우선 반동 형성(reaction formation)의 측면에서, 인공지능의 완벽함과 위협적 측면에 대한 불안이 정반대의 태도인 인공지능은 바보스럽다는 인식으로 전환된다. 여러 요소가 이상하게 중첩되고, 말도 안 되는 소리를 중얼거리며, 완전히 우스꽝스러운 동물들, 완전히 인공지능적인 이미지만 만들어 내는 인공지능의 모습은 인공지능 특이점이나 인간 대체 같은 묵시록적 담론에 대한 강력한 해독제 역할을 한다. 승화(sublimation)의 관점에서 보면, 인공지능에 대한 원초적 불안이 창조적이고 사회적으로 수용 가능한 형태인 밈 문화로 전환된다. 누가 더 강한가라는 티어 메이킹 놀이는 인공지능을 통제하고 평가하는 주체로서의 인간의 위치를 확인하는 행위가 된다. 참여자들은 인공지능 생성 캐릭터들을 마치 포켓몬이나 만화 캐릭터처럼 분류하고 서열화하면서, 무의식적으로 우리가 여전히 인공지능을 통제할 수 있다는 안전감을 확보할 수 있다. 또한 유머를 통한 방어(humor as defense)의 관점에서 볼 수 있다. 유머는 불안을 유발하는 현실을 견딜 만한 것으로 만드는 정신적 기제다. "트랄라레로 트랄랄라"라는 무의미한 반복은 인공지능의 복잡하고 이해하기 어려운 측면을 단순하고 친숙한 소리로 변환시킨다. 이는 낯선 것을 친숙한 것으로, 위협적인 것을 무해한 것으로 전환하는 집단적 작업이다. 이 해석에는 직접적 증거의 부족으로 한계가 있다. 이탈리안 브레인롯 참여자들이 실제로 인공지능에 대한 불안을 느꼈다는 경험적 데이터는 거의 없다. 대부분의 증언은 재미있어서, 중독성이 있어서라는 단순한 동기에 집중되어 있다. 또한 이 해석은 과도한 심리학적 환원주의의 위험을 안고 있다. 복잡한 문화현상을 개인의 심리적 방어기제로만 설명하려는 시도는 사회적, 기술적, 경제적 맥락을 간과할 수 있다. 무엇보다 시간적 인과관계의 불분명함이 문제다. 인공지능에 대한 불안이 먼저 존재했고, 그것이 브레인롯 현상을 낳았다고 단정하기 어렵다.

무의식적 적응과정론

두 번째 해석은 이탈리안 브레인롯을 인공지능 기술에 대한 사회의 무의식적 적응 과정으로 보는 관점이다. 참여자들은 의도적으로 인공지능에 대한 태도를 바꾸려 하지 않았지만, 결과적으로 이 현상을 통해 인공지능과 더 친숙해지고 편안해지게 되었다는 것이다. 기술 수용의 문화사를 살펴보면 흥미로운 패턴을 발견할 수 있다. 인쇄술이 처음 도입되었을 때, 필사자들은 이를 악마의 기술이라 비난했다(Eisenstein, 1980). 사진술이 등장했을 때, 화가들은 예술의 죽음을 선언했다(발터 베냐민, 2007). 하지만 각각의 경우에서 사회는 점진적으로 새로운 기술을 받아들였고, 그 과정에서 조롱과 패러디가 중요한 역할을 했다. 에버렛 로저스(Everett Rogers)의 혁신 확산 이론에 따르면, 새로운 기술이 사회에 수용되는 과정은 혁신자(innovators), 초기 수용자(early adopters), 초기 다수자(early majority), 후기 다수자(late majority), 지연자(laggards)의 단계를 거친다. 이탈리안 브레인롯은 이 과정에서 초기 다수자에서 후기 다수자로의 전환점 역할을 했을 수 있다. 인공지능 기술에 대해 여전히 거리감을 느끼던 일반 대중이, 유치하고 무해한 형태의 콘텐츠를 통해 처음으로 인공지능과 친밀한 접촉을 경험한 것이다. 브뤼노 라투르(Bruno Latour)의 행위자-연결망 이론(Actor-Network Theory)을 적용하면, 이탈리안 브레인롯은 인간(사용자)과 비인간(인공지능, 알고리즘, 플랫폼)이 새로운 형태의 네트워크를 구성하는 과정으로 해석될 수 있다. 사용자들이 인공지능 생성 캐릭터에 이름을 붙이고, 능력을 부여하며, 서로 비교하는 행위는 인공지능을 점진적으로 일상의 영역으로 끌어들이는 하나의 과정이다. 무의식적 적응과정론은 인과관계 증명의 어려움이라는 문제에 직면한다. 브레인롯 현상 이후에 사람들이 실제로 인공지능에 대해 더 긍정적인 태도를 갖게 되었는지, 그리고 그것이 정말 브레인롯 때문인지 입증하기 어렵다. 동일한 시기에 ChatGPT와 같은 인공지능이 대중화되었기 때문에, 태도 변화의 원인을 특정하기 힘들다. 과연 이탈리안 브레인롯이 인공지능에 대한 긍정적 적응을 주도했을까, 아니면 오히려 인공지능을 유치하고 수준 낮은 것으로 인식하게 만들어 장기적으로는 부정적 영향을 미쳤을까? 그리고 만약 개별적인 적응 과정이었다면, 왜 전 세계 수백만 명이 거의 동시에 같은 반응을 보였을까? 이탈리안 브레인롯은 인공지능에 대한 단순한 개별적 적응을 넘어서는 집단적 현상의 특성을 시사할 수 있는 밈이 아닐까한다.

참고문헌

김환석(2005). "행위자-연결망 이론(Actor-Network Theory)에 대한 이해". 한국과학기술학회 강연/강좌자료.

발터 벤야민(2007). 《기술복제시대의 예술작품 / 사진의 작은 역사 외》. 최성만 옮김. 길. (원전 출간: 1935/1931).

에러벳 로저스(2005). 《개혁의 확산》. 김영석 옮김. 커뮤니케이션북스. (원전 출간: 1962).

지크문트 프로이트(2019). 《한권으로 읽는 프로이트》. 임홍빈 외 옮김. 열린책들.

지크문트 프로이트(2020). 《농담과 무의식의 관계》. 박종대 옮김. 열린책들. (원전 출간: 1905).

aironicfun(2025). Balerinna Cappucinna. https://www.tiktok.com/@aironicfun/video/7483426614135491862

Ball, H.(1916). Karawane. Poets.org. https://poets.org/poem/karawane

Eisenstein, E. L.(1980). *The printing press as an agent of change (vol.1)*. Cambridge University Press.

Know Your Meme(2025a). Italian brainrot / AI Italian animals. https://knowyourmeme.com/memes/italian-brainrot-ai-italian-animals

Know Your Meme(2025b). Tralalero tralala. https://knowyourmeme.com/memes/tralalero-tralala

Marinetti, F. T.(1909). The futurist manifesto. Le Figaro.

PapplyFapply(2025). Tralalero Tralala. https://www.youtube.com/shorts/18_RA0ZkiUc

Wikipedia(2025). Italian brainrot. https://en.wikipedia.org/wiki/Italian_brainrot

ZDedits19(2025). Bombardiro Crocodilo. https://www.youtube.com/shorts/zDh90Tn37kI

06

딥페이크 법의 욕망

딥페이크 법을 둘러싼 논의는 피해자/가해자 이분법과 처벌 중심의 단순화된 시각에 치우쳐 현실의 복잡성을 놓치며, 법과 구조적 페미니즘은 오히려 새로운 억압을 재생산할 위험이 있다. 딥페이크의 욕망과 권력, 윤리 문제는 보다 다양하고 유연한 접근이 필요함을 강조한다. 법정을 블랙 코미디의 무대로 설정하여, 욕망이 특정 대상을 원하는 게 아니라 항상 조금 빗나가 있다는 점을 부각시키며, 라캉 개념을 통해 욕망의 진정한 동력을 분석한다.

AI와 민주주의?

법정에서 벌어지는 블랙 코미디

법은 오늘도 정장에 다림질된 도덕을 걸치고 출근한다. 출근길에 들린 편의점에서 라벨 두 장을 산다. 하나는 피해자, 다른 하나는 가해자. 계산대 직원이 묻는다. 라벨은 영수증 별도로 드릴까요? 법은 미소 지으며 대답한다. 아뇨, 라벨은 언제나 사후 정산이죠. 오전 9시 딥페이크 전담 법정의 문이 열린다. 재판장에 앉은 법은 입을 뗀다. 본 법정은 현실을 단순화하여 이해하기 쉽게 만드는 곳입니다. 복잡성은 오늘도 압수수색 대상입니다. 방청석에서는 박수가 터진다. 이해하기 쉬운 세상 협회에서 파견 나온 박수 요원들이다. 첫 증인은 욕망, 신분증이 없다. 늘 그렇듯 사진과 실물이 다르다. 검사는 묻는다. 피고는 항상 특정한 대상을 원하죠? 그 대상이 바로 약자, 바로 여성 아닙니까? 욕망은 고개를 갸웃한다. 저는 언제나 조금 빗나가 있습니다. 오늘은 이미지, 내일은 환상, 모레는 결핍을 원합니다. 방청석에서 야유가 나온다. 욕방은 속삭인다. 대상은 늘 쓱, 미끄러지죠.

피해자와 가해자, 이 라벨들은 복잡한 현실을 단순한 이분법으로 환원시키는 마법의 도구처럼 작동한다. 하지만 이러한 법적 환상 뒤에는 더 깊은 욕망의 구조가 숨어 있다. 폭주하는 남성성 3장에서 제시된 딥페이크 분석은 표면적으로는 구조적 접근을 표방하지만, 실제로는 가부장제-남성 연대-여성 혐오라는 도식으로 모든 현상을 환원시킨다. 욕망의 진정한 동력인 오브제 쁘띠 a(objet petit a)를 간과하는 오류를 범한다. 법은 분류의 기술이다. 법적 주권은 예외 상태를 통해 작동하며, 이 과정에서 복잡한 주체들을 관리 가능한 범주로 환원시킨다. 딥페이크 관련 법제에서도 이러한 경향은 극명하게 드러난다. 최근 국내 법원이 AI 음란물은 피해자가 특정되지 않는 한 처벌할 수 없다고 판결한 사례(천종현·최효정, 2025)는 법이 실제로는 실재하는 개체보다 표상과 재현의 체계를 보호한다는 것을 보여 준다. 이는 법적 사고의 근본적 한계를 노출시키는 동시에, 법 자체가 가진 통제에 대한 욕망을 드러낸다. 피해자 특정 요건은 언뜻 합리적으로 보이지만, 실제로는 법의 오만을 드러내는 대표적 사례다. 법은 특정한 대상을 통제함으로써 욕망을 관리할 수 있다고 착각한다. 하지만 욕망의 진정한 동력은 대상 그 자체가 아니라 채울 수 없는 공백에 있다. 딥페이크는 특정 인물의 이미지를 욕망하는 것처럼 보이지만, 실제로는 그 이미지를 통해 결핍을 메우려 한다. 특정 이미지를 금지한들 욕망은 다른 대체 경로를 찾을 뿐이다. 딥페이크 방지라는 명목으로 디지털 감시 체계가 강화되고 있는 현실은 미셸 푸코(Michel Foucault)가 분석한 파놉티콘적 권력의 디지털 버전이다. 미국의 TAKE IT DOWN Act와 같은 법률들은 신속한 대응을 명목으로 과잉 삭제와 사적 검열의 위험을 내포한다(김현경, 2025). 보호라는 명분하에 표현의 자유가 제약되고, 시민들은 점점 더 감시의 객체로 전락한다. 폭주하는 남성성 3장의 분석에서 구조는 거의 형이상학적 실체처럼 기능한다. 모든 개별적 욕망과 행위는 가부장적 구조의 산물로 해석되며, 주체들은 구조에 의해 완전히 결정되는 수동적 존재로 전락한다. 이러한 접근법은 젠더 본질주의를 재생산하면서 다양한 주체성의 가능성을 원천 차단한다. 실제로 K-pop 남성 아이돌을 대상으로 한 알페스(RPS) 문화나 남성 피해자 사례들은 구조 프레임에서 주변화되거나 무시된다(최우영, 2024).

남성 피해자는요? 저자는 친절하다. 유의미하지만 주변 변수죠. 모형의 적합도를 떨어뜨려요. 데이터 세탁소에서는 남성 아이돌 합성물 피해와 남자 청소년 피해 사례가 들어왔다가, 표준화 단계에서 얼룩으로 분류되어 걸레통으로 간다. 세탁소 직원이 속삭인다. 얼룩은 서사를 망칩니다. 더욱 아이러니한 것은 폭주하는 남성성의 폭력이 그 자신의 담론 구조에서 재현된다는 점이다. 여성을 보호받아야 할 존재로 설정하는 순간, 여성을 수동적 객체로 위치시키며 자신을 능동적 주체로 설정한다. 이는 전형적인 남성중심적 구원자 복합체의 발현이다. 법은 욕망을 어떻게 다루는가. 연단에 선 법은 PPT를 넘기며 말한다. 욕망을 억제하려면 대상을 단속하면 됩니다. 첫 슬라이드: 두더지 잡기. 표적은 연예인 합성물, 다음 표적은 직장 동료 합성물, 그다음은 아무개 누군가의 상상. 망치질은 경쾌하다.

딥페이크 현상을 둘러싼 법적 대응은 욕망의 구조에 대한 근본적 오해에 기반한다. 딥페이크에 대한 욕망은 단순히 특정 이미지에 대한 갈망으로 환원될 수 없다. 법이 특정 이미지의 유통을 차단하더라도, 욕망은 다른 대상이나 플랫폼으로 재배치될 뿐이다. 욕망을 억압하는 것이 아니라 상징화하는 것이나. 즉, 주체가 자신의 욕망 구조를 이해하고 해독할 수 있도록 도와주어야 한다. 사람들이 자신이 추구하는 것이 정말 특정한 이미지인지, 아니면 그 이미지 너머의 무언가인지 구분할 수 있어야 한다. 이는 단순한 도덕 교육이나 법적 처벌보다 훨씬 근본적이고 지속적인 효과를 가져올 수 있다.

대상을 금지하면 공백이 늘 눈부셔지지요. 사회자가 제지한다. 학술적 발언은 C홀로 가 주세요. 자크 라캉이 어깨를 으쓱한다. 나는 늘 C(hole)로 가는 걸.

딥페이크를 둘러싼 현재의 법적 담론은 피해자/가해자의 고정된 이분법에 갇혀 있다. 이러한 접근법은 현실의 복잡성을 포착하지 못할 뿐만 아니라, 새로운 형태의 억압을 재생산할 위험을 내포한다. 해결책은 모든 고정된 범주의 해체에서 시작되어야 한다. 이는 무책임한 상대주의를 의미하는 것이 아니라, 보다 정교하고 유연한 윤리적 사고를 요구한다는 뜻이다.

처벌 만능주의의 블랙 코미디

국립처벌박람회가 열렸다면, 입구에는 분명 형벌 벤딩 머신이 서 있을 것이다. 동전을 넣으면 종신형, 거세형, 사회적 사망이 뚝딱 떨어진다. 기계 옆 안내문에는 이렇게 쓰여 있다. "형벌은 개인의 무고함을 윤이 나게 닦아 드립니다. 사용 후 즉시 도덕 광택 효과." 남성 관람객 몇이 줄을 선다. 버튼을 꾹 누른 뒤 서로의 어깨를 두드린다. 봐라, 난 이런 범죄 싫어해. 그러니 나는 무고하다. 벤딩 머신은 알아서 영수증을 뽑아준다.

이러한 상황은 현실에서 벌어지고 있는 딥페이크 담론의 일부다. 처벌의 강도를 높이는 것으로 문제를 해결할 수 있다고 믿지만, 실제로는 욕망의 구조와 권력의 메커니즘은 그대로 유지된다. 폭주하는 남성성 3장을 다시 가져오자. 청소년의 말을 인용하며 극형주의를 밀고 나가 결국 더 강한 규제와 통제를 요구한다. 이러한 접근법은 새로운 형태의 규율 권력을 정당화하는 도구로 작동한다. 남성성이라는 이름으로 포장된 접근법은 여전히 상벌 시스템에 의존하며, 비판하는 남성성의 폭력과 동일하게 나타난다. 권위적 해석을 통해 정답을 강요하는 방식은 또 다른 형태의 폭력이다. 가해자에 대한 분노를 표출함으로써 자신의 무고함을 증명하려 한다. 하지만 이러한 분노의 정치학은 실제로는 기존 권력 구조를 강화시킨다. 이는 숭고한 대상(Sublime Object)을 통한 이데올로기적 환상의 전형적 사례다. 분노는 도덕적 우월감을 제공하지만, 구조적 변화는 가져오지 못한다.

사드 후작(Marquis de Sade)에 대한 통념적 이해는 성적 변태나 폭력적 가학성에 초점을 맞추지만, 이는 그의 진정한 급진성을 놓친다. 사드적 관점에서 욕망은 도덕적 선악이나 정치적 올바름과 무관하게 작동하는 원초적 힘이다. 딥페이크에 대한 욕망 역시 여성 혐오나 지배욕으로만 환원되지 않는다. 경계 해체의 매혹, 금기 위반의 쾌감, 기술적 전능감이 한 데 얽힌 복합 정동이다. 여성도 능동적 욕망의 주체가 될 수 있고, 남성도 취약한 피해의 경험자가 될 수 있다. 그러나 욕망의 다층성 인정이 행위의 책임 면제로 이어질 수는 없다. 욕망(Desire)과 행위(Action)는 구별되어야 한다. 비동의적 생성 · 유포는 명백한 권리 침해이며, 법 · 윤리 · 구제의 언어로 다뤄져야 한다. 사드(Marquis de Sade)는 《소돔 120일》에서 신/인간, 남성/여성, 귀족/평민의 위계를 무너뜨린다. 이 급진성은 딥페이크가 정체성의 고정성을 흔들고, 진실/허위 경계를 뒤섞으며, 권위적 재현을 약화시킨다는 점을 비추는 데 유효하다. 그렇다고 해서 피해의 사실을 상대화하거나 규범 판단을 중지하자는 뜻이 아니다. 사드적 통찰은 설명틀이지 정당화 논거가 아니다. 위계 해체의 사유는 동의 · 피해 · 구제의 절차와 다른 층위에서 병행되어야 한다.

한편 딥페이크 속 인물들은 조작할 수 있지만 인격체로 인정받을 수 없는 존재가 되며, 데이터 덩어리로 환원되어 무한히 가공 가능한 원료가 된다. 법과 윤리의 예외 상태에서 보호 없이 노출된 채, 오직 데이터로서의 가치만을 인정받는다. 딥페이크 방지라는 명목으로 디지털 감시 체계가 강화되고, 표현의 자유가 제약되는 현실은 예외 상태의 일상화를 현실화시킨다.

결과물 맛 지정: 구조 결정론 혹은 개인 도덕? 야간 감

독은 잠깐 망설이다가 하프앤하프 버튼을 누른다. 믹서가 윙, 소리를 내며 돌아간다. 맨 아래 배출구로 정의감 스무디가 흘러나온다. 라벨에는 이렇게 적혀 있다. 마실수록 복잡성 알레르기가 완화됩니다. 바로 옆방은 법률 주방이다. 레시피 보드에는 오늘의 메뉴가 적힌다. 샌드위치: 두께는 민심에 맞추어 가변식. 스프: 가부장제 풍미 강화 소스 추가. 후식: 달콤하지만 오래가진 않음(다음 사건까지). 주방 보조가 묻는다. 셰프, 혹시 욕망 리터러시라는 새로운 메뉴는 언제쯤? 셰프가 웃는다. 슬로쿠킹이라 손님이 싫어해. 눈앞에서 지글지글해야 주문이 들어오지. 보조가 메모한다. 손님은 늘 즉시 조리를 좋아한다.

우리는 욕망을 해독하되 억압하지 않고, 모든 위계를 해체하되 무정부 상태로 빠지지 않으며, 자유를 추구하되 소외로 전락하지 않는 운동, 윤리학이 아닌 윤리성이 되어야 한다.

참고문헌

김현경(2025.8.11). “미국 딥페이크 전쟁 개시, ‘TAKE IT DOWN Act’ 시행 과제”. KISO저널. https://journal.kiso.or.kr/?p=13402

미셸 푸코(2020a). 《감시와 처벌》. 오생근 옮김. 나남. (원전 출간:

1975).
미셸 푸코(2020b). 《광기의 역사》. 이규현 옮김. 나남. (원전 출간: 1961).
윤진호·김경필(2024.8.31). "딥페이크 피해자, 한국인이 53% 세계 최다". 조선일보.
슬라보예 지젝(2002). 《이데올로기의 숭고한 대상》. 이수련 옮김. 인간사랑. (원전 출간: 1989).
자크 라캉(2019). 《에크리》. 홍준기 외 옮김. 새물결. (원전 출간: 1966).
천종현·최효정(2025.8.21). "AI 음란물, 실존인물 아니면 무죄". 동아일보.
최우영(2024.9.2). "딥페이크 논란에… "남자아이돌 성적묘사 '알페스'·'섹테'는 왜 놔둬?". 머니투데이.
탁지영(2021.1.14). "알페스가 "제2의 n번방" "성착취물"이라니". 경향신문.
한국성폭력상담소(2025). 《폭주하는 남성성》. 동녘.

07

민주적인 귀족, AI 창작

AI 창작자들은 창작의 민주화를 주장하지만 실제로는 프롬프트 작성, 자격증, 전시 등으로 새로운 문화적 엘리트와 위계를 구축한다. 이들의 창작은 노동성, 전문성, 권위를 주장하지만 실상은 일시적 기술 격차와 제도적 승인에 의존한 허상적 권위일 뿐이다. 상업화된 낭만주의와 천재성의 재포장, 그리고 새로운 형태의 문화적 배타성 구조 형성 과정을 비판적으로 분석한다.

AI와 애니메이션?

훌륭한 AI 아티스트

아리스토텔레스가 정치학에서 제시한 정치론은 오늘날에도 여전히 유효한 질문을 던진다. 민주정과 귀족정이 과연 공존할 수 있는가? 고대 그리스의 '귀족제'는 근대 유럽의 세습적 귀족제와 달리 공식 제도로 자리 잡지 않았으며, 지도자들은 혈통이 아니라 타인의 평가와 자신의 처신으로 지위를 인정받는 엘리트 집단이었다. 21세기 디지털 시대에 등장한 AI 창작자들을 바라보며, 우리는 이 고전적 딜레마의 현대적 재현을 목도한다. 그들은 스스로를 창작의 민주화를 이끄는 혁신가로 브랜딩하지만, 동시에 새로운 형태의 문화적 엘리트로서 권위를 구축해 나간다. 상업화된 낭만주의와 천재성의 재포장 AI 창작 담론의 핵심에는 역설적으로 가장 반민주적인 예술관이 자리하고 있다.

칸트가 판단력 비판에서 정의한 천재는 자연이 예술에 규칙을 주는 재능으로, 본질적으로 모방 불가능하고 학습 불가능한 고유한 능력이었다. 이러한 천재 개념은 예술을 소수의 선택받은 자들만이 접근할 수 있는 신성한 영역으로 만들었고, 부르주아 예술 제도의 핵심 이데올로기가 되었다. AI 아티스트들은 이 낡은 천재 신화를 교묘하게 재활용한다. 그들은 누구나 예술가가 될 수 있다고 선언하지만, 동시에 자신들만 AI라는 새로운 도구를 진정으로 사용하는 디지털 천재임을 암시한다. 프롬프트 숙련은 공개 재현 가능한 기술임에도, 일부는 비공개 레시피 · 폐쇄형 커리큘럼으로 전유하며 희소가치를 만든다. 더욱 문제적인 것은 이들이 기존 예술 제도의 승인을 통해 자신들의 정당성을 확보한다는 점이다. 전시가 갤러리에서 열리고, 작품의 판매가 이루어지며, 아티스트로서 인터뷰를 받는 순간, 그들은 자신들이 비판했던 바로 그 권위적 예술 시스템에 편입된다. 민주화의 기치를 내걸었지만, 결국 새로운 형태의 문화 자본을 축적하고 이를 통해 구별 짓기를 실행하는 것이다.

이러한 현상의 가장 극명한 사례가 한국에서 등장한 AI 작가 자격증 제도다. 한국AI작가협회는 AI 시대에 걸맞은 창작 인재를 양성한다는 명목으로 AI 활용 능력 자격증을 운영하고 있으며, 한국기독AI작가협회는 더 나아가 AI 아트 지도사 자격증을 3급, 2급, 1급의 위계적 체계로 운영한다. 프롬프트 작성과 AI 도구 사용법이 마치 전문적 기술인 것처럼 포장되고, 이에 대한 공식적 인증을 통해 문화적 권위가 생산된다. 더욱 아이러니한 것은 이러한 자격증 제도가 누구나 창작할 수 있는 시대라는 민주적 수사를 내세우면서도, 동시에 위계적 전문성을 구축한다는 점이다. 한국AI작가협회는 "AI를 친구로 둔다면? 이미 절친이야 우린"이라는 친근한 마케팅 문구를 사용하면서도, 협회의 핵심 활동은 AI 작가 등록 및 공식 인증 제도 운영, 창작자 권익 보호 정책 제안, AI 창작 윤리 가이드라인 제정 등 공식 등록·윤리 지침·권익 보호는 필요하나, 설계에 따라 배타적 권력화로도 작동할 수 있음을 경계해야 한다.

창작과 노동

AI 창작자들이 자신들의 활동을 정당화하는 논리는 노동이다. 그들은 수많은 프롬프트를 시행착오를 통해 개선하고, 원하는 결과를 얻기 위해 반복적인 작업을 수행한다고 주장한다. 그들은 자신들도 전통적인 예술가들과 마찬가지로 노동을 한다고 강조한다. 이 논리의 대표적 사례는 2022년 콜로라도 주립 박람회 미술대회에서 우승한 제이슨 앨런의 변론이다. 한 인터뷰에서 앨런은 자신이 미드저니를 사용해 수백 번의 이미지 생성을 통해 작업했다고 강조했다. 그는 자신의 작업을 단순한 텍스트 입력이 아닌 창조적 노동으로 정당화하려 했지만, 정작 자신이 사용한 구체적인 프롬프트는 공개하기를 거부했다. 마치 기술의 비밀을 간직한 장인인 것처럼 말이다. 한국에서도 이러한 프롬프트 노동이 학술적 차원에서 정당화되고 있다. 문화체육관광부와 한국저작권위원회가 발표한 생성형 AI 저작권 안내서에서는 창의적 구성 · 지시 · 검토를 포함한 지적 설계로서의 프롬프트 엔지니어링이 창작성을 가질 수 있다고 명시했다. 시민인문학에 발표한 생성형 인공지능과 이야기 창작: 프롬프트를 중심으로라는 논문(조선영, 2024)에서 생성형 인공지능을 활용하여 이야기를 창작하는 과정에서 프롬프트의 중요성을 강조하며, 프롬프트가 창작의 핵심 요소로 부상했다고 분석했다. 이러한 공식적 담론은 프롬프트 작성을 마치 전문적 기술 노동인 것처럼 포장하고 있다.

카를 마르크스(Karl Marx)가 경제학-철학 수고에서 분석한 진정한 노동은 인간이 사연을 변화시키는 과정에서 자기 자신도 변화시키는 변증법적 활동이다. 노동을 통해 인간은 객관적 세계에 자신의 의지와 목적을 실현하고, 동시에 자신의 능력과 감각을 발전시킨다. 반면 AI 창작에서의 노동은 소비적 활동이다. 창작자는 이미 완성된 알고리즘을 소비하고, 기존 데이터의 조합을 선택할 뿐이다. 더욱 문제는 반복의 성격이다. 질 들뢰즈(Gilles Deleuze)가 차이와 반복에서 분석한 바와 같이,

반복은 차이를 생산하는 반복이다. 들뢰즈는 클로드 모네(Claude Monet)의 연꽃 연작을 이러한 창조적 반복의 전형으로 제시한다. 1897년부터 1926년까지 그가 그린 250여 점의 연꽃 그림은 표면적으로는 동일한 주제의 반복이지만, 실제로는 시간과 빛의 변화 속에서 끊임없이 생성되는 차이들의 기록이었다. 각각의 캔버스는 이전 것의 단순한 복제가 아니라, 새로운 지각적 사건이었고, 이러한 반복을 통해 모네는 자신만의 독특한 시각 언어를 구축해 나갔다.

반면 AI 창작에서 중요한 것은 실제 과정이 아니라 그들이 스스로 주장하는 노동성이다. AI 창작자들은 자신들의 활동을 정당화하기 위해 일관되게 양적 노동의 수사를 사용한다. 500번의 시행착오, 3000개 이미지 중 최종 선별, n시간 동안 프롬프트 최적화 같은 표현들이다. 그들이 자신의 활동을 노동량으로 환산하여 상품성을 주장한다는 점이다. 이들에게 창작의 가치는 투입된 시간과 횟수로 측정되며, 이러한 양적 지표가 작품의 정당성을 보증한다고 여겨진다. 모네가 매 순간의 빛과 대기를 직접 체험하며 그것을 화폭에 옮기는 과정에서 자신만의 시각 언어를 발전시켰다면, AI 창작자들은 자신들의 n회 반복이라는 노동량 자체를 창작성의 근거로 내세운다. 들뢰즈가 말한 차이를 생산하는 반복과 AI 창작자들이 주장하는 반복 횟수의 축적은 근본적으로 다른 창작 철학이다.

AI 창작자들이 얻는 것은 선택과 편집의 기능이다. 그들은 알고리즘이 제시하는 다양한 옵션 중에서 자신의 취향에 맞는 것을 고르고, 이를 조합하여 최종 결과물을 만든다. 이는 큐레이션에 가깝다. 그럼에도 불구하고 이들은 자신들의 활동을 창작으로 명명하고, 전통적 창작보다 더 효율적이고 혁신적이라고 주장한다. 노동으로부터의 소외가 이제 창작으로부터의 소외로 전환되는 과정을 목도한다. 마르크스에 따르면, 자본주의적 생산에서 노동자는 자신의 노동 과정과 노동 생산물로부터 소외되고, 결국 자기 자신의 본질적 활동으로부터 소외된다. AI 창작에서도 유사한 소외가 발생한다. 창작자는 창작 과정, 즉 알고리즘을 통제할 수 없고, 창작물의 진정한 생산자가 아니며, 결국 창작이라는 인간의 본질적 활동으로부터 소외된다. 그들은 창작한다고 믿지만, 실제로는 거대한 데이터 처리 시스템의 말단 조작자에 불과하다.

허상적 노동 개념은 한국의 온라인 교육 시장에서 더욱 적나라하게 드러난다. 주요 온라인 교육 플랫폼들에서 제공되는 AI 아트 마스터 클래스, 글로벌 AI 아티스트의 비주얼 아트 솔루션 유형의 강의들을 분석해 보면, 이들이 AI 창작을 어떻게 상품화하고 있는지 알 수 있다. 이들 커리큘럼의 공통적 특징은 AI 창작을 마치 전문적 기술인 것처럼 포장하지만, 실제로는 몇 가지 프롬프트 작성 요령과 도구 사용법을 전달할 뿐이라는 점이다. 특히 문제적인 것은 이러한 강의들이 누구나 아티스트가 될 수 있다는 민주적 수사와 전문가만 아는 비법이라는 엘리트주의적 마케팅을 동시에 사용한다는 점이다. 대표적인 사례를 보면, 현직 AI 디자인 전문가의 프롬프트 노하우류 강의는 기초 사용 방법부터 실무 적용까지라고 광고하면서, 동시에 모든 사용 비법을 담은 디자인 노하우라는 문구로 희소성을 연출한다. 일부 고가 플랫폼의 강의들은 더욱 극단적으로 글로벌 주목 AI 아티스트, 유명 브랜드 협업 아티스트라는 권위적 타이틀을 강조하면서도 체계적인 실습으로 누구나 쉽게 완성할 수 있다고 약속한다. 이는 접근성과 전문성이라는 상반된 가치를 교묘하게 조합한 마케팅 전략이다.

창작은 단순히 결과물을 만들어 내는 것이 아니라, 사유와 표현이 가까워지는 과정이다. AI 올인원 풀패키지류의 커리큘럼은 창작을 원하는 이미지를 빠르게 얻는 방법으로 축소시킨다. 주요 플랫폼들의 AI 관련 강의 가격을 분석해 보면, 일반적으로 월 구독형은 4만~5만 원 수준, 프리미엄 강의는 10만~20만 원대에서 형성되어 있으며, 여기에 수천 개의 프롬프트와 예시 이미지가 포함된 디지털 키트가 추가 옵션으로 판매되는 구조를 보인다. 수강생들은 이러한 경제적 투자를 통해 창작자가 되었다고 착각하지만, 실제로는 표준화된 프롬프트 템플릿을 소비하는 소비자의 지위에 머물러 있을 뿐이다. 프롬프트와 AI 기술을 배워 사용하며 느끼는 즐거움, 새로운 기술을 탐험하는 개인적 실험으로서의 AI 이미지 생성은 분명 긍정적 가치를 갖는다. 문제는 이러한 개인적 탐구를 창작으로 포장하여 제도적 인정과 경제적 이익을 추구하는 AI 아티스트들이다. 이들의 권위는 주로 기술에 대한 접근권과 플랫폼에 대한 이해에 기반한다. 이는 학습을 통해 획득 가능한 기술적 지식이므로 표면적으로는 엘리트적 성격을 갖는다고 볼 수 있다. 하지만 AI 기술은 그들이 만든 것이 아니라 거대 기업들이 개발한 것이며 사용자일 뿐이다. 사용자 인터페이스가 개선되고 AI가 더 직관적으로 변할수록, 현재의 AI 전문가들이 갖고 있는 기술적 우위는 사라진다. 상업적 AI 창작자들은 일시적 기술 격차를 이용해 문화적 권위를 획득한 허상의 엘리트에 가깝다. 그들의 동기는 창작 자체가 아니라 제도적 인정, 경제적 이익, 그리고 사회적 지위에 있다.

더욱이 그들은 AI 기술의 복잡성이 사라지기 전에, 그들이 기존의 사회적 제도 장치들을 전략적으로 활용하여 자신들의 허상적 지위를 공고화하려 한다는 점이다. 각종 공모전 수상, 유명 기관 출신이라는 브랜딩, 미디어의 주목받기를 통해 그들은 자신들의 일시적 기술적 우위를 영구적인 문화적 권위로 전환시키려 한다. 엘리트라면 사회에 대한 책임감과 지속적인 자기계발을 통해 그 지위를 정당화해야 하지만, 상업적 AI 창작자들에게서 그런 모습은 찾아보기 힘들다. 결국 우리가 직면한 과제는 AI 창작의 기술적 가능성을 어떻게 문화적 민주화로 연결시킬 것인가 하는 것이다.

참고문헌

문화체육관광부·한국저작권위원회(2023). “생성형 AI 저작권 안내서”. 한국저작권위원회.

발터 벤야민(2007). 《기술복제시대의 예술작품 / 사진의 작은 역사 외》. 최성만 옮김. 길. (원전 출간: 1935/1931).

아리스토텔레스(2009). 《아리스토텔레스 정치학》. 천병희 옮김. 숲. (원전 출간: 기원전 4세기).

임마누엘 칸트(2009). 《판단력비판》. 백종현 옮김. 아카넷. (원전 출간: 1790).

조선영(2024). "생성형 인공지능과 이야기 창작: 프롬프트를 중심으로". 《시민인문학》, 46, 189~213쪽.

질 들뢰즈(2004). 《차이와 반복》. 김상환 옮김. 민음사. (원전 출간: 1968).

카를 마르크스(2024). 《경제-철학 수고》. 김태희 옮김. 필로소픽. (원전 출간: 1844/1988).

토마스, R.마틴(2015). 《고대그리스사》. 이종인 옮김. 책과함께. (원전 출간: 2013).

한국기독AI작가협회(n.d.). "AI아트지도사 자격과정". https://kcaaa.or.kr/자격과정/

한국AI작가협회(n.d.). "협회 소개". https://kaiart.or.kr/

Roose, K.(2022.9.2). An A.I.-generated picture won an art prize. Artists aren't happy. The New York Times. https://www.nytimes.com/2022/09/02/technology/ai-artificial-intelligence-artists.html

08

사랑 업로딩

마인드 업로딩 기술을 통해 완전하고 영원한 사랑을 구현하려는 시도가 인간 존재의 본질적 조건(결핍, 신체성, 예측 불가능성, 고통 등)을 무시하는 환상임을 비판하며, 사드의 윤리를 통해 인간의 모순성과 불완전성, 욕망의 결핍, 고통과 쾌락의 뒤섞임이야말로 진정한 사랑과 인간성을 가능하게 한다고 주장한다. 기술적 유토피아주의가 약속하는 완벽한 사랑의 허상성을 데카르트 심신 이원론과 연결하여 분석한다.

AI와 인재 채용?

완전한 사랑을 약속하는 기술

마인드 업로드(Mind Uploading) 기술을 통해 인간의 의식과 기억, 성격을 디지털화하여 영원한 생명을 얻겠다는 이 프로젝트는 과학 기술적 도전을 넘어 인간 존재에 대한 근본적 재정의를 시도한다(Sandberg & Bostrom, 2008). 이 기술적 유토피아에는 사랑에 대한 완전한 약속이 자리 잡고 있다. 완벽한 파트너, 영원히 지속되는 관계, 오해와 갈등이 제거된 이상적 사랑의 실현 가능성이 있다. 일부 실리콘밸리의 테크노-유토피아니주의자들, 트랜스 휴머니스트들은 마인드 업로딩을 통해 인간 관계의 모든 문제들을 해결할 수 있다고 주장한다. 레이 커즈와일(Ray Kurzweil)은 특이점 이후 인간들이 디지털 공간에서 무한한 지능과 감정적 깊이를 가진 존재들과 완벽한 사랑을 나눌 수 있을 것이라고 예측한다. 넷플릭스의 블랙미러 중 샌 주니페로 에피소드는 이러한 기술적 로맨스 서사를 구현한다. 이 담론의 아래에는 의식의 정보화 가능성, 정신의 물질적 기반으로부터의 분리 가능성, 적절한 설계가 영원한 행복을 보장할 수 있다는 합리주의적 믿음이 놓여 있다.

이 접근은 데카르트적 심신 이원론과 계몽주의적 합리성, 그리고 현대의 기능주의적 관점－의식을 하드웨

어와 독립 가능한 소프트웨어로 보는 시각—에 기대어 있다. 이 틀에서는 사랑 역시 적절한 알고리즘과 데이터 처리로 재현 가능한 현상으로 간주된다. 감정 챗봇 · 디지털 연인 · 가상 관계 플랫폼 등 실제 서비스들은 이미 이 방향으로 전진하며, 마인드 업로딩은 그 극단적 완성형으로 상상된다. 이들 서비스는 사용자의 대화를 학습해 맞춤 반응을 제공하고 "화내지 않고 배신하지 않는 파트너"를 약속하지만, 동시에 사랑의 예측 불가능성과 갈등 · 오해 · 성장을 불편함으로 처리한다.

플라톤의 향연(Symposion)에서 디오티마가 소크라테스에게 들려준 신화에서 에로스는 빈곤(Penia)과 풍요(Poros)의 아들로 태어난다. 사랑은 결핍에서 출발하는 추구이며, 그 결핍은 제거해야 할 결함이 아니라 사랑의 존재론적 조건이다. 살방이 완선히 충족되는 순간, 에로스는 동력을 잃는다. 따라서 사랑은 소유의 완결이 아니라 영속적 탐구의 과정이다. 이 관점은 완전한 소유와 영구적 안정을 약속하는 업로딩의 로맨스와 정면으로 충돌한다.

디지털 공간에서 파트너의 생각과 감정을 완벽히 추적 · 예측할 수 있다고 가정할수록, 타자의 신비로움과 예측 불가능성은 완전히 사라진다. 더 알고 싶고 발견하고 싶을 여지가 사라질 때, 사랑을 움직이던 호기심 · 그리움 · 기대는 약해진다. 그 사랑은 완벽한 소유의 실현이자 타자를 자아의 연장선으로 만든다. 사랑은 변화하고 성장하며 때로는 실패와 갈등을 통해 깊어진다. 연인들은 서로의 변화를 지켜보고, 예상치 못한 모습에 다시 한번 반하며, 위기를 함께 극복하면서 관계는 깊어진다. 하지만 업로딩된 의식은 특정 시점의 스냅숏에 불과하며, 예측 불가능한 변화와 성장의 가능성을 원천적으로 배제한다(Hauskeller, 2012).

사랑은 정신의 교감만이 아니라 몸의 상호작용이기도 하다. 포옹 · 식사 · 돌봄 같은 행위는 사랑을 구체적 경험으로 만든다. 옹호자들은 가상현실과 햅틱, 의도된 불완전성을 통해 이를 보완할 수 있다고 말하지만, 취약성과 불확실성은 본질적으로 설계의 산물이기보다 유한성과 물질성에서 자연스럽게 발생한다. 안전하게 통제된 위험은 진짜 위험과 동일한 존재론적 무게를 갖기 어렵다. 이 점에서 업로딩이 제안하는 사랑은, 껍데기를 남기고 핵심 조건을 희석한 기술적 환상에 가깝다.

사드적 윤리

도나시앵 알퐁스 프랑수아 드 사드(Marquis de Sade)는

18세기 프랑스의 가장 위험한 사상가였다. 그의 위험성은 성적 일탈을 묘사했기 때문이 아니다. 문명이 감춰온 인간의 모순성과 파괴성을 드러내며, 어둠의 불가결성을 직시하게 만든다. 사드는 인간이 본질적으로 모순적이고 파괴적인 존재라는 것을, 그리고 어둠이야말로 인간성의 불가결한 부분이라는 것을 보여 주었다. 사드에게서 21세기 마인드 업로딩 등 기술에 대한 비판적 실마리를 찾을 수 있다. 기술, 제도가 인간의 어둠을 제거하여 완벽한 존재를 만들려 할 때, 사드는 그러한 시도가 얼마나 위험하고 무의미한지 경고하고 있다.

소돔의 120일은 권력의 본질에 대한 냉혹한 폭로이자, 인간 욕망의 구조에 대한 탐구서로도 해석 가능하다. 방탕한 귀족들의 의례화된 폭력은 사회 제도의 억압적 구조를 드러내며, 권력이 문명의 얼굴을 한 야만일 수 있음을 폭로한다. 사드는 고발을 넘어, 이러한 충동이 인간 조건의 일부임을 인정하라고 요구한다. 사랑/증오, 창조/파괴, 연민/잔혹이 뒤섞인 모순성이 바로 인간의 동력이라는 것이다. 사드는 묻는다, 인간에게서 파괴성과 공격성을 완전히 제거한다면 그것은 여전히 인간인지 말이다.

사제와 죽어가는 자의 대화에서 죽음을 앞둔 방탕아

와 그를 회개시키려는 사제 사이의 대화를 통해 사드는 기독교적 도덕과 내세관을 전면적으로 부정한다. 죽어가는 자는 신의 존재를 부인하고, 도덕이란 권력자들이 피지배층을 통제하기 위해 만든 허구라고 주장한다. 여기서 중요한 것은 사드가 단순한 허무주의나 쾌락주의를 옹호하는 것은 아니라는 점이다. 죽어가는 자는 말한다. 자연은 우리에게 쾌락을 추구하라고 명령했지만, 동시에 고통도 피할 수 없게 만들었다. 이 둘은 분리될 수 없으며, 하나를 완전히 제거하려는 시도는 다른 하나도 파괴한다. 디지털 공간에서 모든 고통과 불편함을 제거한 관계는 쾌락도 불가능하게 만든다. 쾌락은 고통과의 대비 속에서만 의미를 가진다.

지크문트 프로이트(Sigmund Freud)가 《쾌락 원칙을 넘어서》에서 발견한 죽음 충동의 개념은 사드의 작품에서 형상화되고 있다. 소돔의 120일의 등장인물들은 끊임없이 더 자극적이고 새로운 쾌락을 추구하지만, 결코 만족에 도달하지 못한다. 귀족 친구들이 경험하는 것은 쾌락이 아니라 쾌락의 불가능성이며, 그들의 반복적 행위는 욕망의 근본적 결핍을 드러낸다. 현대의 디지털, 소셜 미디어에서 끊임없이 새로운 콘텐츠를 소비하고 더 많은 좋아요를 추구하지만 결코 만족하지 못하는 사람들, 인공지능 챗봇 대화에서 이해를 받지만 더 큰 외로움을 느끼는 사람들 모두 사드가 그려낸 욕망의 구조 안에 있다. 사드는 이러한 욕망의 불가능성을 부정하지 않는다. 오히려 그것을 인간 존재의 근본 조건으로 받아들이라고 요구한다. 인간은 결코 만족할 수 없는 존재이며, 이러한 불만족이야말로 우리를 살아 있게 만드는 힘이다.

더 급진적으로, 가장 강렬한 순간들은 극한적 고통과 쾌락이 뒤섞이는 지점에서 발생한다. 단순한 가학성이 아니라, 인간 경험의 강도와 진정성이 위험과 고통을 통해서만 달성될 수 있다는 철학적 통찰을 보여 준다. 소돔의 120일의 창부들은 합리성이 강요하는 도덕적 위선을 적나라하게 폭로한다. 그들은 고통을 통해 세상의 진실을 깨닫고, 그 깨달음을 통해 자유를 얻는다. 사드에게 인간의 감각적 존재는 추상적 이성보다 더 근본적이며, 억압의 구조를 전복할 수 있는 힘이다.

디지털 안에서 설계되는 완벽한 가상현실은 감각적 혼란과 성적 충동을 체계적으로 통제하려 한다. VR 포르노그래피와 인공지능 생성 포르노들은 실제 인간의 복잡하고 모순적인 성적 존재를 단순화하고 상품화한다. 이 지점에서 디지털 성의 상품화가 비판받아야 하는 것이지, 또다시 성 자체를 억압하려는 시도가 일어나서는 안 된다. 조르주 바타유(Georges Bataille)가 《에로티즘》에서 말한 것처럼, 에로틱한 충동은 인간 존재의 가장 근본적인 동력 중 하나이며, 죽음과 삶이 교차하는 지점에서 발생하는 신성한 경험이다. 단순한 성적 쾌락이 아니라 개체성의 한계를 넘어서려는 인간의 근본적 욕망이며, 이를 통해 우리는 일상적 존재의 경계를 해체하고 더 깊은 실재와 접촉할 수 있다. 디지털 기술이 문제가 되는 것은 성적 경험 자체를 제공하기 때문이 아니라, 바타유가 말하는 에로티즘의 본질적 특성을 제거하고 안전하고 예측 가능한 소비재로 전환시키기 때문이다. 비판해야 하는 것은 성적 욕망 그 자체가 아니라, 그 욕망을 거세하고 무력화시키는 디지털 자본주의 메커니즘이다.

사랑과 타자는 통제와 정화를 넘어선 곳에서 발견된다. 사드의 등장인물들이 경험하는 것은 미화되거나 정화된 사랑이 아니라, 피와 땀과 배설물이 뒤섞인 날것의 존재 조건 속에서 발견되는 원시적 연대감이다. 사드적 시선이 말해주는 바는, 우리의 사랑이 순수한 플라토니즘도, 순수한 사드주의도 될 수 없다는 사실이다. 사랑은 정신과 육체가 분리될 수 없는 인간의 전 체험에서 발생한다. 의식을 몸에서 분리해 순수 정신으로 만들려는 업로딩의 상상은 플라톤적 이상주의의 극단이자, 사드가 옹호한 감각적 현실성의 전제를 제거한다. 그 결과는 빈약한 욕망과 공허한 사랑이다.

사드는 여전히 위험하다. 그는 우리에게 편안한 환상을 제공하지 않으며, 기술이 약속하는 완벽한 해결책을 거부한다. 대신 그는 인간 존재의 근본적 모순과 불가능성을 직시하고 요구한다. 사드를 살린다는 것은 이러한 불편한 진실을 받아들이고, 기술적 완벽주의에 맞서 인간다운 불완전성을 용감하게 옹호하는 것이다. 마인드 업로딩을 거부하는 것이 아니라, 기술을 통해서도 제거될 수 없는 인간성을 지키는 것이다.

참고문헌

도나시앵 알퐁스 프랑수아 드 사드(2014). 《사드전집1: 사제와 죽어가는 자의 대화》. 성귀수 옮김. 워크룸프레스. (원전 출간: 1782).

도나시앵 알퐁스 프랑수아 드 사드(2018). 《사드전집2: 소돔의 120일 혹은 방탕주의 학교》. 성귀수 옮김. 워크룸프레스. (원전 출간: 1785).

레이먼드 커즈와일(2025). 《특이점이 온다: 인간을 초월하는 기술이 시작된다》. 김명남·장시형 옮김. 김영사. (원전 출간: 2005).

조르주 바타유(2009). 《에로티즘》. 조한경 옮김. 민음사. (원전 출간: 1957).

지크문트 프로이트.(2021). 《쾌락 원리의 저편》. 강영계 옮김. 지식을만드는지식. (원전 출간: 1920).

플라톤(2019). 《플라톤전집1》. 천병희 옮김. 숲. (원전 출간: 기원전 4세기).

Hauskeller, M.(2012). My brain, my mind, and I: some philosophical assumptions of mind-uploading. *International journal of machine consciousness, 4*(01), pp.187~200.

Sandberg, A. & Bostrom, N.(2008). Whole brain emulation: A roadmap. Technical Report, 2008-3. Future of Humanity Institute, Oxford University.

Triantafyllos, S.(2018). San Junipero: The Postmodern Dream of Immortality and the End of Utopia. *St Anne's Academic Review, 8*, pp.69~78.

09
셋, 4

근원적이고 비합리적이며 육체적 고통을 동반하는 '야다(יָדַע)'적 앎은 시스템이 수용 못 하는 인간성의 본질임을 강조한다. 완벽한 답보다 결핍 · 모순을 견디는 인간적 이해와 실패, 멍청함의 가치를 긍정하며, AI로 대체 불가한 인간의 불완전성과 존재 의미를 논한다. 지식 세탁소의 은유를 통해 AI가 인간 경험의 비효율성을 제거하는 과정을 비판하고, 성경의 야다 개념에서 출발하여 육체적이고 관계적인 앎의 중요성을 강조한다.

AI와 기자?

야다(דָעַ)

21세기 지식 세탁소의 컨베이어 벨트는 오늘도 분주하게 돌아간다. 2016년 이세돌의 얼굴에 떠올랐던 당혹스러운 표정, 다른 쪽에서는 어머니의 죽음에도 울지 않았던 뫼르소의 무심함이 투입된다. 사랑, 죽음, 실패 같은 비효율적인 인간 경험들이 거대한 기계 안으로 빨려 들어간다. 기계는 분류하고, 정량화하고, 살균 처리한다. 모호함은 교정되어야 할 오류다. 복잡성은 오류의 원인이다. 최종 배출구에서는 데이터 칩이 쏟아져 나온다. 지식이 세탁되고 난 이후 안심하고 소비할 수 있다. 이 세탁소의 최신 모델이 바로 인공지능이다.

미국의 한 대학의 학생들 82.5%가 이 기계에 자신의 공부를 하청하고 있다(AI에디터, 2025). 특히 성적이 낮은 학생들의 의존도가 87.1%에 달한다. 지식을 얻는 과정의 고통, 즉 비효율과 실패를 피하고 싶을 뿐이다. AI는 사람들의 욕망에 완벽하게 부응하는, 무고함 증명서를 발급해 주는 자판기다. 감정, 연애, 진로 고민까지, 우리는 답이 있다는 환상을 원한다. 우리는 그것이 완벽하지 않음을 알지만, 그럼에도 불구하고 믿는다. 믿지 않으면 우리 자신의 결핍과 마주해야 하니까. 이 작업에서 폐기물로 분류되는 것이 있다. 바로 야다(דָעַ)라 불리는,

구식의 비위생적인 앎이다. 세탁 불가능한 얼룩이며, 시스템의 버그로 분류될 것이다. 이 글은 바로 그 폐기물 더미를 뒤지는 고고학적 탐사 보고서다.

창세기 4장 1절에서 아담은 하와를 야다한다. 안다는 것은 체액과 숨결, 비명과 탄식이 뒤섞인 혼돈의 사건, 즉 육체의 만남이었다. 앎을 통해 인류 최초의 살인자이자 도시 건설자인 이 모순적 존재 카인이 탄생했다. 앎은 때로는 통제 불가능한 결과를 낳는, 지극히 위험하고 비합리적인 과정이다. 야다의 앎은 시스템을 교란시키기도 한다. 때로는 훌륭한 병사 슈베이크의 멍청함과 닮았다. 슈베이크는 명령에 절대적으로 복종하지만, 그의 충성은 언제나 군대라는 거대한 기계를 마비시킨다. "조국을 위해 목숨을 바칠 준비가 되었는가?"라는 질문에 슈베이크는 이렇게 답한다. "예, 물론입니다. 다만 제 상관은 제가 총을 쏘면 아군만 맞춘다고 했습니다." 시스템의 눈으로 보면 슈베이크는 불량품이다. 그러나 그의 멍청함이야말로 전쟁의 광기를 폭로하는 가장 날카로운 무기다. 야다는 슈베이크적 멍청함, 즉 시스템의 논리를 내부에서부터 전복시키는 슬기로운 바보의 앎이다(Steiner). 야다는 몸의 앎이다. 땀과 피, 그리고 죽음의 가능성을 전제하기에 알 수 있다. 망치의 손안에 있음(Zuhandenheit)은 잘못 휘

둘러 제 손을 내리치는 고통의 경험 없이는 불가능하다. AI는 망치에 대한 수십억 개의 데이터를 가질 수 있지만, 망치에 찧어본 경험은—새로운 러다이어트 운동이 일어나지 않는다면—없다.

결핍을 위한 처방전

우리는 왜 이토록 AI의 앎에 집착하는가. 자크 라캉의 개념을 빌리자면, 우리는 AI를 안다고 가정되는 주체(Subject Supposed to Know)의 자리에 앉혔다. 신이 사라진 시대, 우리는 우리 자신의 근원적 결핍(lack)을 채워줄 새로운 아버지를, 새로운 신을 발명했다. 그 신의 이름이 바로 알고리즘이다. 우리는 사랑의 질문을 AI에게 던진다. 마치 AI가 사랑의 본질에 대한 최종적인 진리를 알고 있는 것처럼. 그러나 AI는 욕망하지 않는다. 결핍이 없다. AI는 사랑을 알지 못한다. 단지 사랑이라는 기표가 다른 기표들과 맺는 통계적 관계망을 훑어 가장 그럴듯한 문장을 조립할 뿐이다(Bender et al., 2021).

AI의 답변은 진리가 아니라, 우리의 질문을 우리에게 되돌려주는 거대하고 정교한 메아리다. 우리는 그 메아리 속에서 우리 자신의 목소리를 들으며, 마치 신의 음성을 들은 것처럼 안도한다. 욕망의 충족이 아니라, 결핍의 관리. 우리는 AI의 앎이 본질적으로 공허하다는 사실을 알면서도, 마치 그것이 진짜 앎인 것처럼 행동한다. 이 환상을 유지하기 위해 우리는 프롬프트 엔지니어링 같은 연금술—고양이 귀를 한 네온사인의 미소녀의 범주 안에서—을 발명하고, AI 작가 자격증 같은 새로운 사제 계급을 만들어 낸다. 누구의 소유도 아닌 것을 소유 가능한 상품으로 포장하여 권위를 부여하는 장치. 그 장치의 이름이 창작이고, 지식이다. AI의 환각(hallucination)은 이 사기극의 진실이 드러나는 순간이다. 존재하지 않는 논문을 인용하고, 없던 판례를 만들어내는 AI는, 결핍을 감추려는 시스템이 무의식적으로 자신의 공허함을 고백하는 장면이다. 우리는 이 환각을 오류라 부르며 서둘러 봉합하려 한다. 그것이 진리인가, 아니면 진리가 있다는 믿음인가? 우리는 AI가 틀렸다는 사실보다 AI가 확신에 자서 거짓말을 한다는 사실에서 더 큰 불안을 느낀다. 그것은 우리가 투사한 전지전능한 아버지의 환상이 균열하는 순간이기 때문이다.

정답의 비극

인간, 뜨거운 삶의 정답 없는 질문, 모순과 역설 속에 연극이 있다. 어느 법정의 피고인석에 알베르 카뮈(Albert

Camus)의 이방인 속 뫼르소와 그를 완벽히 복제한 AI가 나란히 서 있다. 둘 다 어머니의 장례에서 울지 않았고, 태양이 뜨거워 살인을 저질렀다고 똑같이 진술한다. 배심원들의 반응은 흥미롭다. AI를 향한 시선에는 기술적 호기심과 온화한 관용이 섞여 있다. "아직 완전하지 않은 기술이군. 감정 처리 모듈에 오류가 있나 보다. 업데이트가 필요해." 그들은 AI를 고쳐야 할 도구로, 개선해야 할 시스템으로 인식한다. 그들의 시선이 남자에게 향하는 순간, 경멸과 혐오의 눈빛에 태양이 가려진다. 반사회적 괴물, 기계보다 차가운 인간을 본다. AI의 무감각은 수정해야 할 버그지만, 뫼르소의 무감각은 인간 실존의 부조리를 온몸으로 긍정하는, 이해 불가능하고 도발적인 저항이기 때문이다.

타코피의 원죄, 지구에 해피를 퍼트리기 위해 내려온 해피 성인 타코피의 이야기. 타코피는 친구 시즈카의 학교 폭력 문제를 해결하고 해피하게 해 주기 위해 화해 리본을 선물한다. AI 시스템이라면 이를 완벽한 솔루션으로 평가했을 것이다. 갈등 상황 인식, 문제 해결 도구 제공, 긍정적 상호작용 유도, 괴롭힘 문제 해결. 논리적이고 효율적이며 윤리적으로도 흠잡을 데 없는 접근법이다. 다음 장면을, 그 끔찍한 클로즈업을 직시해야만 한다. 학교 폭력을 우정으로 만들어주는 마법의 도구, 화해 리본이 시즈카의 가녀린 목을 파고들어 팽팽하게 당겨진 장면을. 허공에 매달려 흔들리는 작은 두 발을. 해피 도구가 올가미가 되는 이 전율스러운 역설 앞에서, 시스템의 공식은 산산조각 난다. 시스템이 처리 불가능한 비극을 정면으로 마주한다. 시즈카에게 필요했던 것은 문제 해결이 아니라 이해였을지도 모른다. 누군가 그녀의 고통을 성급히 제거하려 하지 않고, 그 고통과 함께 머물면서 그녀의 이야기를 들어주는 것. 복잡한 내면을 가진 온전한 인격체로 인정하는 것.

자몽살구 클럽의 소하는 인생에서 가장 빛난다는 시기, 아름답다는 시기에 자살을 생각한다. 그러나 소녀는 여전히 살고 싶다. 소녀는 자신을 학대한 아버지를, 살기 위해 자신의 손으로 죽였다. "세상의 무엇이 아빠를 알코올 중독자로 만들었는지에 대한 답을 연구하는 것은 더 이상 중요하지 않았다. 애초에 나의 생존을 위해 죽여야 하는 대상을 뒤늦게 알아보는 건 불필요했다"(한로로, 2025). AI와 도덕주의자들은 이 사건을 0.1초 만에 처리할 것이다. 그리고 법이 전부인줄 아는 사람들. 존속 살해, 분류=악(惡), 신뢰도 99.9%. 판결 종료. 법적 조항과 도덕적 규범에 따른 명쾌하고 일관된 판단이다.

언론은 자극적인 헤드라인으로 이를 소비할 것이고, SNS는 찬반 논쟁으로 들끓을 것이다.

야다적 이해는 살인은 악이라는 명쾌한 답을 거부한다. 그것은 감히 피 냄새가 진동하는 그 방으로 걸어 들어가, 살아남기 위해 자신의 세계를 파괴해야만 했던 한 소녀의 존재론적 딜레마를 정면으로 마주하는 것이다. 이 모든 비극적 인물들은 시스템의 분류망을 빠져나가는 살아있는 인간들이다. AI가 제시하는 명쾌한 이분법을 비웃는다. 이 갈등을 견디지 못하고 하나의 답을 강요한다. 야다는 한 인간의 존재론적 딜레마를 정면으로 마주하려는 시도다. 그것은 쉬운 판단 대신 어려운 이해를, 빠른 결론 대신 오랜 침묵을 선택하는 것이다. 그것은 답을 찾는 능력이 아니라, 답 없음의 상태를 견디는 능력이다.

당신의 영광스러운 멍청함

더 윤리적인 AI, 더 인간적인 알고리즘, 그것은 또 다른 환상일 뿐이다. 세탁기의 성능을 개선하려는 시도에 불과하며, 정화에 대한 욕망을 더욱 강화할 뿐이다. 현대적 권력은 억압이 아니라 생산을 통해 작동한다. 그것은 금지하지 않고 조장하며, 제한하지 않고 관리한다. 인간적인 AI는 이런 생산적 권력의 최첨단 형태다. 그것은 우리의 욕망을 읽고, 우리의 필요를 예측하며, 우리가 원하는 답을 제공한다. 하지만 바로 그렇게 함으로써 우리를 더욱 교묘하게 통제한다. AI의 텍스트를 이해할 수 없다고 말하는 것은 틀렸다. 인간 언어로 쓰인 이상 우리는 전이해(Vorverständnis) 속에서 그것을 읽고, 어떤 의미는 만들어진다.

한스 게오르크 가다머(Hans-Georg Gadamer)가 진리와 방법에서 슐라이어마허(Friedrich Schleiermacher)의 저자 심리학적 해석학을 비판했듯이, 오늘날 AI 담론은 존재하지 않는 저자를 상정하고 그 의도를 추적하려는 노력에 빠져있다. AI의 문장은 의도가 아니라 빈 연산의 산물이다. 우리가 읽어내는 것은 결국 우리의 욕망이 되돌아온 메아리일 뿐이다. 따라서 포기해야 할 것은 AI 텍스트의 이해가 아니라, 그것을 둘러싼 AI도 우리처럼 이해한다는 서사 자체다. 이세돌의 예측 불가능한 78수처럼 우리 자신의 비합리성, 비효율성, 그리고 영광스러운 멍청함을 긍정해 보는 것은 어떨까. 실패하고, 농담하고, 실수하고, 사랑하고, 죽는 우리의 육체적이고 유한한 조건을 끌어안아 보자. AI 시대의 윤리는 어쩌면 이것일지 모른다. 당신의 알고리즘이 예측할 수 없는 방식으로, 당신의 가장 인간적인 얼룩을 세상에 남기는 것. 완벽하게 정화된 지식의 성전에서, 보란 듯이 맥주를 엎지르는 것. AI를 거부하거나 맹신하는 대신, 하나의 도구로 인정하되 그것이 대체할 수 없는 인간적 영역을 분명히 하자는 것이다. 그 영역은 바로 불완전성이다. 영광스러운 멍청함 그리고 그 모든 불완전성 속에서도 계속해서 사랑하고 창조하려는 의지. AI가 아무리 발전해도 대체할 수 없는 것은 바로 이 불완전한 존재로서의 우리 자신이다.

참고문헌

마르틴 하이데거(2025). 《존재와 시간》. 이기상 옮김. 까치. (원전 출간: 1927).

미셸 푸코(2020a). 《감시와 처벌》. 오생근 옮김. 나남. (원전 출간: 1975).

박선우(2019.12). "이세돌 9단, 또 AI 격파… 승부수 78수에 인공지능 항복". KBS뉴스. https://news.kbs.co.kr/news/pc/view/view.do?ncd=4345571

슬라보예 지젝(2002). 《이데올로기의 숭고한 대상》. 이수련 옮김. 인간사랑. (원전 출간: 1989).

알베르 카뮈(2022). 《이방인》. 이정서 옮김. 새움. (원전 출간: 1942).

야로슬라프 하셰크(2023). 《훌륭한 병사 슈베이크 1》. 홍성헌 옮김. 지식을만드는지식. (원전 출간: 1921).

자크 라캉(2019). 《에크리》. 홍준기 외 옮김. 새물결. (원전 출간:

1966).
타이잔5(2023). 《타코피의 원죄》. 대원씨아이.
한국AI작가협회(n.d.). "협회 소개". https://kaiart.or.kr/
한로로(2025). 《자몽살구클럽》. 어센틱.
허종호(2025.7.26). "사람 대신 AI에게 고민 상담? … Z세대 73%가 경험". 문화일보. https://www.munhwa.com/article/11521695
AI에디터(2025.8.6). "공부 못할수록 AI 더 많이 쓴다… 대학가 '챗GPT 의존' 심각한 수준". ZDNet Korea. https://zdnet.co.kr/view/?no=20250806224201
Bender, E. M. et al.(2021). On the dangers of stochastic parrots: Can language models be too big?. *Proceedings of the 2021 ACM Conference on Fairness, Accountability, and Transparency*, pp.610~623. ACM.
Steiner, P.(n.d.). Wit of a half-wit in The Good Soldier Švejk.

10
라틴어 여섯

인간의 성적 욕망과 그 금기는 억압과 해방, 타자 소거로 이어져 왔다. AI 컴패니언 산업은 사회가 허용한 욕망, 외모 집착, 금기 구조가 빚은 현상이며, 윤리는 욕망의 근원과 사회적 맥락을 직시하는 데 있다. 라틴어 sex의 어원에서 시작하여 기독교 십계명, 프로이트의 리비도, 바타유의 에로티즘을 거쳐 현대 AI 컴패니언까지 성과 욕망의 변화 과정을 추적한다. 욕망의 억압과 해방이 반복되는 구조 속에서 진정한 윤리적 성찰의 가능성을 모색한다.

AI와 미래 의사?

Sexus, S-x

영어의 성, 성행위를 의미하는 섹스(Sex)라는 단어는 라틴어로 6을 의미하는 기본수사 섹스(Sex)와 스펠링이 같다. 그러나 유래는 라틴어 섹수스(Sexus)에서 유래한다. 로마 가톨릭 교회와 루터교의 십계명 중 제6계명 "간음하지 마라"가 종교적 색채가 강했던 중세를 거치며 입에 담기 거북한 계명으로 인식되기 시작하며 제6계명을 이것, 그것이라는 지시 대명사로 사용하게 되었다. 라틴어에서 진짜 성을 의미하는 단어 섹수스와 맞아떨어져 영어의 섹스는 성, 성행위를 의미하는 단어로 굳어지게 되었다(한동일, 2023). 기독교 문명의 확산과 함께 형성된 윤리 체계의 산물이다.

파스칼 키냐르(Pascal Quignard)는 섹스와 공포에서 고대 그리스-로마 문화에서 현대에 이르기까지 자연스러운 에로스가 중세적 죄책과 결합하며 '공포의 대상'이 되는 과정을 추적한다. 지크문트 프로이트는 리비도(Libido)를 인간 정신의 근본 동력으로 보되 문명 속에서의 승화를 요구했다. 이때 리비도는 단순한 성충동을 넘어 창조적 에너지의 원천이자, 동시에 가장 강력한 금기의 대상이 된다. 조르주 바타유(Georges Bataille)에게 에로티즘은 일상적 노동의 세계에서 벗어나 신성한 초월의 영역으로 진입하는 통로다. 바타유의 이론에서 주목할 점은 그가 에로티즘을 과잉의 영역으로 규정한다는 것이다. 생산과 축적의 논리로 환원되지 않는 순수한 소비, 즉 대상 없는 에너지의 분출이야말로 인간 존재의 본질적 경험이라는 것이다.

마르키 드 사드(Marquis de Sade)의 소돔의 120일은 이러한 맥락에서 극단적인 사례를 제공한다. 계몽주의 이성의 한계를 폭로하고 인간 욕망의 무한성을 드러내는 철학적 실험이다. 밀란 쿤데라(Milan Kundera)의 《참을 수 없는 존재의 가벼움》은 20세기적 맥락에서 이러한 문제를 다룬다. 소설 토마스의 성적 편력은 사랑이라는 무거운 의무로부터의 도피이자, 동시에 실존적 공허감의 표현이다. 금기는 욕망을 억압하지만 동시에 더 강렬하게 만든다. '해방'은 끝이 아니라 다음 통제 장치의 문을 연다. 그리고 오늘, '관리되는 해방'의 새로운 무대가 인공지능이라는 기술 장치다.

인공지능 윤리 환상

인공지능 기술은 인간 욕망의 날것 그대로의 모습을 드러내는 거울이기도 하다. 일론 머스크(Elon Musk) xAI가 개발한 Grok AI의 애니메이션 컴패니언 'Ani'가 보여

주는 것은 단순한 기술적 발전이 아니라, 인간이 숨겨온 성적 환상의 적나라한 투영이다. 가슴, 엉덩이, 연예인을 닮은 완벽한 얼굴, 남성의 성적 환상, 이 나열들을 보고 여성의 성 상품화라고 외치는 구조적 페미니즘이 실행된다면, 자크 라캉이 욕망의 변증법에서 지적한 바와 같이 금지가 Ani를 향한 사랑을 더욱 강렬하게 만든다. 이러한 현실의 문제를 외면하며 윤리적 우려, 성 상품화라는 이름으로 포장하려는 위선적 태도다. 사드가 소돔의 120일에서 보여준 것처럼, 인간의 욕망은 본래 기괴하고 비대칭적이며 때로는 폭력적이다. 도덕주의자들은 인공지능 컴패니언에 대해 상호성의 부재를 문제 삼는다. 인간의 성적 욕망에서 상호성이 언제나 보장되었던가, 한국 사회의 구조적 성차별, 남성 가해자와 여성 가해자의 이중 잣대, 그리고 페미니즘조차도 때로는 또 다른 형태의 억압으로 작용하는 현실을 보라.

문제는 소유와 인간의 상품화가 아니라, 우리가 욕망 자체를 받아들이지 못한다는 것이다. 한 기사는 흥미로운 사실을 드러낸다. 남성은 xAI 와이푸의 외모에, 여성은 감정적 연결에 더 집중한다는 것이다(Lin & Cao, 2025). 사회적, 과학적으로 어느 정도 관용되는 성적 욕망 이외에 나머지는 '취향'이라는 표면적 외면 아래 금기

시되는 현실을 보라. 19세기 정신의학자 크라프트 에빙(Richard von Krafft-Ebing)이 다양한 페티시즘 환자들을 병리적 범주로 추방하려 했던 것처럼, 오늘날에도 여전히 정상적 욕망의 경계를 그어 놓고 그 밖의 모든 것을 배제하려 한다. 사드는 인간이 신에게 고해성사를 해야 하는가, 아니면 죄를 숨겨야 하는가라는 물음을 던졌다. 그의 답은 명확했다. 욕망을 숨기지 말고 그 기괴함까지도 온전히 드러내라는 것이었다. 바타유 역시 에로티즘을 금기의 위반으로 보았지만, 사드는 한 걸음 더 나아가 금기 자체의 허구성을 폭로했다. 인공지능 컴패니언이 진짜 타자가 아니라면, 현실의 인간관계에서 우리는 정말 타자를 만나고 있는가. 우리는 자신의 욕망을 투영한 환상을 만나고 있는 것은 아닌가. 키냐르의 섹스와 공포는 성적 경험의 본질이 공포, 즉 통제 불가능한 타자와의 만남에 있다고 말한다. 그런데 현실에서는 데이팅 앱에서 외모로 사람을 선별하고, 소셜 미디어에서 완벽하게 큐레이션된 자아를 연출하는 현대인들이 정말 예측 불가능한 타자와 만나고 있는가. 슬라보예 지젝(Slavoj Žižek)이 지적했던, 사이버 섹스의 시대에 우리는 이미 안전한 환상 속에서만 욕망을 경험하고 있다. 빛이 밝아질수록 그 아래 생명이 사라진다는 말처럼, 도덕의 빛이 강해질수록 욕망의 진실은 더욱 깊이 숨겨진다.

쿤데라의 토마스는 사랑의 무거움을 견디지 못해 성적 편력을 추구했다. 그것이 정말 도덕적으로 비난받을 일인가? 오히려 그는 자신의 욕망에 정직했을 뿐이다. AI 컴패니언 사용자들 역시 마찬가지다. 현실의 인간관계에서 요구되는 감정적 노동, 경제적 부담, 사회적 기대를 회피하고 싶어 했다. 도덕이라는 이름의 폭력, 선량함이라는 가면 뒤의 잔혹함을. AI 컴패니언을 소비적이고 수동적이라고 비판하는 자들, 그들이 말하는 건전한 인간관계란 결국 사회가 인정하는 틀 안에서의 관계일 뿐이다. 중독성과 의존성을 말하기 전에, 현실의 인간관계가 얼마나 중독적이고 의존적인지부터 생각해 보자. 연인에게 매달리는 병적 애착, 결혼 제도에 갇힌 채 서로를 갉아먹는 부부들, 사랑이라는 이름으로 자행되는 통제와 감시, 심지어 살인까지. 문제는 인공지능이 아니라, 욕망을 수치스러워하는 우리의 태도나. 일론을 부추기고 돈을 벌게 하는 것은 바로 우리의 윤리다.

성형 수술로 얼굴을 뜯어고치고, 필터로 자신을 왜곡하는 것이 사드의 피, 배설물, 가학과 피가학보다 더 기괴하고 폭력적으로 보이기도 한다. AI 컴패니언은 '자유'처럼 보이는 인터페이스를 준다. 그러나 그 자유는 추천 알고리즘, 아바타 규격, 과금 구조가 미세 설계한 자유다. 라캉의 '대타자' 목소리는 오늘 '알고리즘적 대타자'의 안내 문구로 들리고, 지젝이 말한 초자아의 명령—'더 즐겨라'—은 구독 버튼과 결합해 향유를 해방이 아니라 동원으로 전환한다. 그러므로 문제는 금지냐 허용이냐가 아니라, 우리의 욕망과 판타지가 이 설계된 회로 안에서 어떻게 생산·유통·과금되는가다. AI가 인간의 취약성을 이용한다는 것이 아니라, 우리가 자신의 취약성과 욕망을 부정한다는 것이다. 안정 장치야말로 욕망을 억압하는 새로운 형태의 검열이다.

욕망의 리터러시

사회적으로 구성된 페티시가 얼마나 기괴한가를 생각해 보라. 큰 가슴과 엉덩이, 연예인을 닮은 완벽한 얼굴에 대한 집착이야말로 현대 사회가 만들어 낸 가장 왜곡된 형태의 욕망이다. 차라리 크라프트 에빙이 병리적 범주로 추방했던 페티시스트들이 더 현실적이고 정직했다. 발 페티시, 라텍스 페티시, 심지어 가학적 욕망조차도 적어도 여성을 지배하려 하거나 남성의 폭력을 정당화하지는 않는다. AI 컴패니언 산업은 사회의 성적 금기와 외모 중심주의가 만들어 낸 허용 범위 내에서 움직인다. 라캉과 지젝의 언어로 말하면, 우리는 타자 그 자체를 만나는 대신 판타지를 투사할 스크린을 얻었고, 그 스크린은 추천 · 랭킹 · 아바타 디자인 · 결제 구조로 구체화된다. "금지가 사랑을 더 뜨겁게 만든다"는 라캉식 통찰은 여전히 유효하다. 그러나 오늘의 더 강력한 명령은 초자아의 음성—"더 즐겨라, 더 구독하라"—이다. 향유는 억압이 아니라 명령을 통해 동원된다.

성형 수술로 얼굴을 뜯어고쳐 타인을 닮게 만들고, 필터로 자신을 왜곡하며, 결국 AI로 완전히 대체 가능한 존재로 만든다. AI 컴패니언 현상은 우리 사회가 얼마나 타자를 철저히 소거해 왔는지를 보여 주는 거울일 뿐이다. AI 컴패니언의 등장은 욕망의 해방이 아니라 타자의 완전한 소거다. 문제는 우리가 이미 오래전부터 타자를 객체화해 왔고, AI는 단지 그 이후의 단계일 뿐이라는 점이다. 성형외과에서 연예인과 닮은 얼굴로 바뀌는 것과 AI 얼굴을 선택하는 것 사이에 본질적 차이가 있는가, 오히려 후자가 더 정직하지 않은가. 윤리성은 AI 컴패니언을 옹호하거나 금지하는 것이 아니라, 그것이 어떻게 만들어졌는지를 이해하는 것에서 시작해야 한다. 사회의 성적 금기와 외모 중심주의가 만들어 낸 이 현상은, 역설적으로 우리가 얼마나 타자를 소거해 왔는지를 보여 준다.

우리는 이미 인간을 이미지로 대체하고 있었다. 라틴어 "sex"가 단순한 숫자에서 금기의 언어로 변모한 여정은, 이제 다시 숫자로, 즉 알고리즘으로 환원되고 있다. AI 컴패니언은 해답이 아니라 우리 사회의 병리를 드러내는 증상이다. 그 증상을 직시하는 용기에서 도덕이 시작된다.

참고문헌

도나시앵 알퐁스 프랑수아 드 사드(2018). 《사드전집2: 소돔의 120일 혹은 방탕주의 학교》. 성귀수 옮김. 워크룸프레스. (원전 출간: 1785).

리하르트 크라프트에빙(2020). 《광기와 성》. 홍문우 옮김. 파람북. (원전 출간: 1886).

밀란 쿤데라(2018). 《참을 수 없는 존재의 가벼움》. 이재룡 옮김. . 민음사. (원전 출간: 1984).

조르주 바타유(2009). 《에로티즘》. 조한경 옮김. 민음사. (원전 출간: 1957).

파스칼 키냐르(2007). 《섹스와 공포》. 송의경 옮김. 문학과지성사. (원전 출간: 2000).

한동일(2023). 《라틴어 수업》. 흐름출판.

Friedman, C.(2020). The Ethics of Artificially Intelligent Sexbots: A Philosophical Investigation into the Ethical Conditions for Human-Sexbot Interaction. University of Pretoria (South Africa) Master's thesis.

Lin, A. & Cao, L.(2025.8.6). AI 'waifus' pose grave emotional risks. China Daily.

https://www.chinadailyhk.com/hk/article/617532
Rousi, R.(2021). Ethical Stance and Evolving Technosexual Culture – A Case for Human-Computer Interaction. *International Conference on Human-Computer Interaction*, pp.295~310.

강보현

국제인공지능윤리협회 생성형AI프롬프트 연구소 소장이다. 중앙대학교, KT나눔희망재단, 인천공항 등에서 열린 AI 그림 그리기 대회의 심사위원으로 참여해 전문성을 인정받아왔다. 온라인 무료 강의를 꾸준히 이어가며 일반인 대상 AI 리터러시 교육을 선도하고 있다. 누구나 쉽게 접근할 수 있는 강의를 통해 인공지능에 대한 올바른 이해와 활용 능력을 높이고, 사회 전반의 디지털 격차 해소에 기여하고 있다. 문화 세미나 토론과 예술 정책 자문 활동을 통해 학문, 예술, 사회가 어우러지는 융합적 가치를 제안하고 있다. 행정안전부 어린이 안전 경진대회 운영위원으로 참여하여 공공 가치 실현에도 기여하고 있다. 사회적 가치 창출과 미래 세대를 위한 책임 있는 인공지능 활용에 힘쓰고 있다.